Lisa Aparicio, éditrice de la série

faites

AMENER LA JEUNESSE AU DISCIPULAT

Jaime Román Araya · Nicholas Barasa
Milton Gay · Nabil Habiby
Andrea Sawtelle · Bakhoh Jatmiko

ISBN 978-1-63580-204-7 rev 2019-07-01

IMPRESSION NUMÉRIQUE

Citations bibliques extraites de la Bible du Semeur.
Texte copyright © 2000, Société Biblique Internationale. Avec permission.

CRÉDITS
Auteurs : Kenny Wade, Jaime Román Araya, Nicolas Barasa, Milton Gay, Nabil Habiby, Andrea Sawtelle, Bakhoh Jatmiko

Édittrice du livre et de la série : Lisa Aparicio

Rédactrices : Hailey Teeter, Emily Reyes et Emily Knocke

Illustration de couverture : Christian Cardona

Traductrice du livre : Matilda Davies

Traducteurs du texte original : Samuel Aparicio (Chapitre 2), Everton Morais (Chapitre 4)

NOTE SUR CETTE SÉRIE

« Comment guider la jeunesse afin qu'elle se sente confiante dans l'évangélisation ? »

« À quoi devrait-je penser afin de m'assurer que mes jeunes grandissent dans leur foi ? »

« J'ai parfois l'impression de ne pas savoir ce que je fais en tant que leader. Comment puis-je alors aider mes jeunes à développer leurs propres compétences de leaders ? »

Nous entendons souvent ce genre de questions de la part de leaders de la jeunesse des quatre coins du monde. Ce sont des leaders de la jeunesse de petites et de grandes églises. Ce sont des pasteurs de la jeunesse officiellement formés et des ouvriers laïcs bénévoles de la jeunesse. Vous vous êtes peut-être déjà posé ce genre de questions.

Cette série de trois livres est le moyen que nous avons trouvé afin de venir en aide aux leaders de la jeunesse locales et de vous encourager et de vous accompagner dans le travail essentiel que vous faites. Le problème est que le ministère auprès de la jeunesse est varié et doit naviguer parmi des nuances culturelles changeant constamment. Nous avons donc décidé de baser chacun de ces livres sur un point stratégique fondamental de la Jeunesse Nazaréenne Internationale (JNI) ; Évangélisation (SOYEZ), discipulat (FAITES), et développement des leaders (ALLEZ). Ces stratégies de base ont aidé le ministère auprès de la jeunesse de l'Église du Nazaréen depuis ses premiers jours. Nous avons également invité une équipe d'auteurs d'horizons divers afin de nous aider à vous procurer une perspective équilibrée. Nous espérons que vous aimerez cet ensemble de voix et que ces perspectives diverses vous permettront d'établir des liens avec votre situation dans le ministère, quel que soit le contexte.

Sachez que nous apprécions votre ministère, quel qu'il soit, que nous prions pour vous et que vous amenez et que vous amenez au ministère auprès de la jeunesse plus de compétences que vous ne le pensez.

Que Dieu vous bénisse !

Gary Hartke
Directeur de la Jeunesse Nazaréenne Internationale

PRÉFACE

Il est généralement plus facile d'accéder à des voix similaires aux nôtres lorsque nous parlons d'Évangélisation (SOYEZ), de discipulat (FAITES) et de développement des leaders (ALLEZ) – des voix partageant des idées et des stratégies qui nous sont déjà familières. Nous pensons toutefois que nos trois stratégies de base à la Jeunesse Nazaréenne Internationale méritent une discussion plus nuancée. Nous avons commencé cette conversation en 2013 en mettant l'accent sur nos stratégies fondamentales et avons commencé à parler des notions d'ETRE, de FAIRE et d'ALLER.

Évangélisation: «SOYEZ», Soyez la lumière de Dieu même dans les endroits les plus sombres de notre monde.

Discipulat: «FAITES», Accomplissez la lourde tâche d'être plus à l'image de Jésus lorsque vous marchez avec les autres.

Développement des leaders: «ALLEZ», Rendez-vous dans votre communauté et apprenez en tant que leader-serviteur.

Ces conversations sur SOYEZ, FAITES et ALLEZ s'amplifiant au fil du temps, nous avons désiré faire en sorte que les leçons qui en découlent soient également transmises. Nous voulions que ces dernières soient enseignées par des voix diverses, chacune apportant une perspective unique à la conversation à l'échelle mondiale. Nous avions donc besoin d'une équipe internationale d'auteurs afin d'y parvenir ce qui nous a amenés à créer cette série d'écrits représentant pour nous l'expression réelle de ce que cela signifie d'être une église mondiale.

Nous espérons que vous profiterez grandement des écrits de ces auteurs divers. Une brève introduction est disponible au commencement de chaque chapitre. La diversité de notre église vous sera rappelée au cours de votre lecture, non seulement par son contenu mais également par une myriade de détails comme le style d'écriture par exemple. Nous avons consciemment choisi de garder le vocabulaire et le style utilisés par chaque auteur comme ils sont connus dans leurs pays respectifs. Lorsqu'un chapitre a été traduit d'une autre langue, le style et le vocabulaire seront davantage représentatifs du pays d'origine du traducteur.

Que Dieu vous bénisse en votre ministère tandis que vous cherchez à impliquer vos jeunes avec dynamisme dans l'évangélisation, le discipulat et le développement des leaders. Nous pensons que ces livres forment une bonne base afin de vous aider à avancer plus consciemment dans votre ministère. Qu'adviendra-t-il par la suite? Nous vous invitons à prendre votre place dans l'histoire mondiale de SOYEZ, FAITES et ALLEZ.

Lisa Aparicio, éditrice
Coordinatrice du développement ministériel de la JNI

REMERCIEMENTS

La formation d'une équipe d'auteurs à l'échelle internationale a demandé l'implication et le soutien de beaucoup de gens. Tout a commencé par une invitation lancée aux coordinateurs régionaux de la jeunesse leur demandant de communiquer les noms de responsables de la jeunesse de leur district excellant tout particulièrement dans l'évangélisation, le discipulat et le développement des leaders. Ces livres n'existeraient pas sans le soutien et le discernement de Ronald Miller (Région Afrique), Janary Suyat de Godoy (Région Asie-Pacifique), Diego Lopez (Région Eurasie), Milton Gay (Région Méso-Amérique), Jimmy De Gouveja (Région Amérique du Sud) et Justin Pickard (Région États-Unis/Canada).

Des vidéoconférences ont été programmées avec les 18 auteurs de ces écrits afin de partager, de collaborer et de déterminer par la suite la structure de ces livres. Ces conférences on été organisées et dirigées par Shannon Greene (Bureau mondial de la Jeunesse Nazaréenne Internationale). Sa contribution générale a ce projet a été absolument inestimable. Kenny Wade (La Jeunesse en Mission) a également participé à chaque vidéoconférence afin d'échanger sur les origines de l'initiative SOYEZ, FAITES et ALLEZ. Le contexte qu'il procura a donné à tout ce projet une base solide sur laquelle s'appuyer. Kenny a également aporté sa contribution à cette série en tant qu'auteur des introductions.

Mais au final, ces livres n'auraient pas vu le jour sans le travail acharné de chacun de nos auteurs. Ils ont fait part du fond du cœur de leur vision de Dieu, travaillant à travers les efforts de l'église afin d'amener les jeunes vers l'évangélisation, le discipulat et le développement des leaders.

Afrique

Wesley Parry (Évangélisation)

Nicholas Barasa (Discipulat)

Lesego Shibambo (Développement des leaders)

Eurasie

Wouter van der Zeijden (Évangélisation)

Nabil Habiby (Discipulat)

Kat Wood (Développement des leaders)

Amérique du Sud

Christiano Malta (Évangélisation)

Jaime Román Araya (Discipulat)

Thiago Nieman Ambrósio (Développement des leaders)

Asie-Pacifique

Daniel Latu (Évangélisation)

Bakhoh Jatmiko (Discipulat)

Cameron Batkin (Développement des leaders)

Méso-Amérique

Dario Richards (Évangélisation)

Milton Gay (Discipulat)

Odily Díaz (Développement des leaders)

États-Unis/Canada

Denise Holland (Évangélisation)

Andrea Sawtelle (Discipulat)

Phil Starr (Développement des leaders)

INTRODUCTION

Kenny Wade

Kenny Wade est le coordinateur de Youth in Mission. D'après Kenny, le ministère auprès des jeunes nous aide à repenser de façon créative ce que signifie la venue du royaume sur la terre par l'accompagnement des jeunes qui sont engagés à suivre le Christ. Il pense que le discipulat sert comme moyen de correction, de formation, et insuffle la vie à l'église.

La notion «d'action» (FAITES) du discipulat implique «d'être» (SOYEZ) en relation avec le Christ. Le discipulat est la mission de rejoindre Dieu dans le travail qu'il accomplit de par le monde (Matthieu 28.18-20). Le discipulat nous engage à consentir à ce que nos vies soient modelées tout en suivant Jésus. Nous faisons ce voyage en commun de tout notre être – nous engageant dans la mission de Dieu qui existe déjà tout en invitant d'autres à faire de même. Un missionnaire qui servit auprès des aborigènes d'Australie du nord-ouest pendant plus de 20 ans m'informa que leur méthode de discipulat est d'aimer Dieu, d'aimer les autres et d'enseigner à d'autres à faire de même (Luc 10.27). Cette notion vous semble-t-elle familière? Le discipulat est notre mission ainsi que notre appel primordial en tant que porteurs de la Bonne Nouvelle. C'est ce que nous faisons (FAITES).

Mon ami Bobby (que j'ai présenté dans mon introduction du livre SOYEZ) me révéla énormément sur le discipulat. L'Esprit de Jésus était déjà à l'œuvre et faisait en sorte d'amener Bobby à lui. Je ne voulais surtout pas intercéder ou fauter! C'est comme si on m'avait confié Bobby et que Dieu nous préparait tous deux pour le voyage à venir. Dieu m'utilisait afin de l'encourager à s'identifier encore plus dans sa foi en Christ. Mais Dieu m'enseignait également à travers Bobby à être heureux de faire simplement partie du voyage à ses côtés et à son propre rythme ainsi que d'attendre de voir comment Dieu agissait. Nous étions formés en tant que disciples en même temps.

Léonard Sweet perçoit l'évangélisation et le discipulat dans la même ligne d'évolution dans la grâce de Dieu.[1] L'évangélisation peut être vue comme faisant partie des premières étapes du discipulat dont la fonction est d'apprendre et d'évoluer dans la grâce, pour nous autant que pour les autres. Cela implique d'agir parallèlement avec ce en quoi nous croyons. Nous faisons (FAITES) des choses qui nous aident à grandir. Nous faisons (FAITES) des choses qui aident les autres à grandir. Le discipulat est le fait d'agir découlant de notre appartenance au Christ.

> **Le discipulat est le fait d'agir découlant de notre appartenance au Christ.**

Appartenir au Christ a pour résultat de nous faire (FAITES) partager la Bonne Nouvelle à travers nos vies. Nous prenons pour exemple la vie de Jésus et sa mission (Luc 4). Nous suivons les pas de notre maitre en contextualisant la

Bonne Nouvelle et en démontrant des exemples intemporels d'une vie centrée sur le Christ. La prière. L'Écriture. La Solitude. La Communauté. La Louange. Le Sacrifice. La Compassion. L'Apprentissage. Le Service.

Le discipulat découle d'une relation personnelle avec Dieu qui elle-même profitera à toutes nos autres connaissances. Le discipulat n'advient pas tout seul mais est particulièrement efficace lorsque pratiqué sous tension, en s'efforçant d'être le disciple de Jésus par le biais de notre rapprochement à Dieu, en pratiquant ce que Jésus annonça en étant la Bonne Nouvelle et à l'invitation que nous donnons ensuite à d'autres de faire de même. Nous devons devenir disciple à l'aide de quelqu'un et faire un disciple à notre tour. La personne faisant de nous un disciple est parfois plus âgée ; et parfois plus jeune. L'âge et la longévité de la foi en Christ sont des notions importantes mais pas autant que la dynamique d'un esprit ouvert à l'apprentissage. En tant qu'étudiant permanent il m'arrive d'être sélectif lorsque je décide d'instruire quelqu'un, une personne qui aura de l'influence sur mon chemin de discipulat. Mais lorsque j'enseigne à un esprit ouvert à l'apprentissage alors ceux de tout âge et de tout environnement peuvent canaliser la grâce de Dieu afin que cette dernière forme et moule ma foi en Christ. Nous ne pouvons faire en sorte de partager, d'être le mentor et de mener que par le biais de nos expériences et de la manière dont nous avons choisi de grandir.

Bobby désirait grandir mais ne savait pas comment faire. Il avait envie de croire mais n'était pas sûr d'en être capable. Il avait besoin de quelqu'un désirant voyager avec lui dans cette quête. Il avait besoin de la foi communautaire de l'église.

> **Le discipulat n'est pas une expérience solitaire. Nous ne pouvons pas évoluer dans notre relation avec le Christ à moins que nous ne grandissions dans notre relation avec les autres**

Mais avant tout cela il avait besoin lors des premières discussions qu'un membre du corps du Christ soit tout simplement son ami et l'aime pour ce qu'il était en tant qu'individu conjointement similaire à l'image de Dieu. Bobby avait besoin de la communauté chrétienne afin de découvrir la confiance en Christ tout comme j'avais besoin de son amitié éloignée de celles que j'avais à l'église afin de lui permettre de s'engager sincèrement dans la mission de Dieu.

La conversation au pas de sa porte et sa question sur l'église nous menèrent à un café du coin avant de revenir au terrain de sport où nous coachions ensemble. Bobby posa de nouveau des questions sur l'église. Notre amitié de disciples se développait en une vision plus grande de la communauté dans le corps du Christ. Le discipulat n'est pas une expérience solitaire. Nous ne pouvons pas évoluer dans notre relation avec le Christ à moins que nous ne grandissions dans notre relation avec les autres (Marc 12.30-31). Nous ne pouvons pas non plus véritablement grandir dans notre relation avec les autres à moins d'évoluer dans notre relation avec le Christ. Les dynamiques de ces relations sont le moyen que nous avons de pratiquer et de ressentir la sainteté de vivre et d'être transformé en l'image du Christ. Le discipulat implique d'évoluer dans notre amour de Dieu et dans l'amour de notre prochain avant d'enseigner à d'autres à faire de même. Le discipulat est quelque chose que nous faisons (FAITES) autant que quelque chose que nous permettons d'intervenir dans nos vies, d'être (SOYEZ).

Un discipulat sain se définit par le fait d'être un disciple du Christ tout en continuant d'être formé en tant que disciple et de former d'autres disciples à notre tour. Nous partageons avec d'autres la manière dont nous évoluons afin qu'ils puissent apprendre à s'engager plus en avant avec le Christ et évoluent eux-mêmes à l'image restaurée du Christ. La relation découlant du discipulat est en quelque sorte similaire à celle d'un parent et de son enfant. Que vous soyez d'accord ou pas nos parents, si nous avons grandi avec eux, ont une grande influence sur nous en tant qu'enfants. Nos vies sont le miroir du temps que nous avons passé avec eux (et loin d'eux). Nos vies sont l'écho de la structure qu'ils nous ont imposé et de la routine qu'ils ont bousculée avec leurs décisions, leurs habitudes et leurs expériences. Si vous êtes parent vos propres enfants se retrouvent alors au cœur d'un discipulat privilégié centré sur le Christ (1 Timothée 3.12). Les parents fidèles au Christ ont une responsabilité essentielle de discipulat envers leurs enfants.

Ces rapports familiaux se révèlent être généralement les plus difficiles en tant que fidèle du Christ dans cette notion d'être (SOYEZ) et de faire (FAITES). C'est pour cette raison que ces liens sont les plus importants lorsque nous cherchons à évoluer, à faire preuve de grâce et à refléter l'amour et la patience du Christ. Si nous entretenons ces relations du mieux que nous pouvons en Christ alors tout le reste se rapportant au discipulat suivra. Nos propres enfants peuvent devenir nos meilleurs professeurs [2]. Faire le choix conscient d'avoir un esprit ouvert à l'apprentissage dans ces rapports familiaux où nous sommes le plus vulnérable est un fondement très important pour un disciple en voie de développement.

Le discipulat n'est pas une expérience solitaire. Nous ne pouvons pas évoluer dans notre relation avec le Christ à moins que nous ne grandissions dans notre relation avec les autres

Tous ces cafés, ce coaching et nos conversations sur l'église avec Bobby cultivèrent une amitié de discipulat entre nous avec le Christ pour guide. Bobby m'avait avoué son désir d'être en paix, d'être joyeux et de se sentir libre. Il avait été témoin des changements relationnels par lesquels je passais, résultant de ma foi en Christ, à travers mes doutes, mes peurs, mes décisions et mes frustrations dans notre chemin commun (1 Corinthiens 11.1). Je lui rappelais que ces réalités liées à la foi n'étaient seulement possibles que grâce à une confiance relationnelle en Christ.

Il me demanda des détails sur le processus par lequel j'étais passé afin de faire confiance à Dieu quant aux décisions essentielles de ma vie lors d'une de nos conversations matinales devant un café. Je lui fis part d'une pratique de discernement que je tenais de mon interprétation de l'Écriture à savoir l'entrainement impliquant de rester fidèle à la foi et en la vie sous l'effort de la raison (le bon sens), l'expérience (dans ma vie et celle des autres), l'Écriture (l'histoire de Dieu) et la tradition (la communauté chrétienne à travers les âges jusqu'à présent)[3]. Bobby condensa mon explication en un simple acronyme anglais « R-E-S-T ». Ne comprenant pas ce qu'il voulait dire je lui demandai des précisions. Il répondit de nouveau « R-E-S-T, à savoir Raison, Expérience, Scripture (« Écriture ») et Tradition. Ça a du sens. Nous pouvons être (SOYEZ) en paix (R-E-S-T) avec les décisions que Dieu prend pour nous ». Je suis plus ou moins certain d'avoir eu un « moment divin » lorsque je réalisai que Bobby était en train de m'enseigner ce que je disais pratiquer vis-à-vis du discernement de mes décisions fondamentales. J'étais de nouveau sujet au discipulat.

> C'est peut-être au sein de notre famille, dans notre foyer, aux environs de notre église, dans notre propre quartier, communauté et culture qu'il est le plus difficile de vivre en véritable leader qui suit le Christ.

Que puis-je offrir à la communauté de la foi sans une relation plus poussée avec le Christ ? Comment puis-je réellement découvrir qui je suis en l'image de Dieu à moins que je ne sois vraiment impliquée dans l'idée de prendre soin des autres et d'être un compagnon ? Le discipulat est un effort individuel autant que commun. Le discipulat entraine la communauté de foi et s'ancre alors dans le contexte culturel. Je ne peux pas être un fidèle du Christ sans que les autres ne peaufinent, calibrent et équilibrent mon chemin de foi grâce à leurs expériences et la diversité qu'ils amènent dans la vie. Nous devons être (SOYEZ) en Dieu, afin que nous puissions faire (FAITES) ce qu'il fit avec et pour les autres. Le discipulat. Rendons cela possible. Faisons cela !

CHAPITRE 1

Les fondements bibliques du discipulat

Jaime Román Araya

Jaime Román Araya est le coordinateur de la jeunesse de champ au Chili ainsi que pasteur servant à Santiago, Chili. Le ministère auprès de la jeunesse lui est cher car il a l'opportunité de présenter l'Évangile dans son ensemble et dans la langue de la nouvelle génération. Il trouve le discipulat tout aussi essentiel car il n'y a pas d'évolution sans maturité. Pour Jaime le discipulat signifie investir votre vie dans celle des autres.

«Bonjour tout le monde, ravi de vous rencontrer! Je suis un jeune pasteur et suis responsable d'une stratégie de discipulat qui implique énormément de monde. Afin d'accomplir cette tâche j'ai cependant décidé de concentrer mes efforts en ne travaillant qu'avec un groupe spécifique d'hommes et de femmes. J'arrive à la fin de ma mission ministérielle actuelle et ai donc pu me focaliser sur la formation de ce groupe ayant pour but de former de nouveaux disciples. La tâche s'annonce rude. Nous devrons très certainement franchir bien des obstacles au cours de notre voyage ce qui fera douter beaucoup d'entre nous. Je suis pourtant déterminé à les accompagner dans cette aventure aussi longtemps que je pourrais. Je sais qu'ils vont changer le monde. Peut-être que vous vous trouvez dans la même situation que moi. Je vous invite à suivre mon exemple et à partager vos expériences avec d'autres qui ont besoin de tirer des enseignements de vous. Je réalise que je ne me suis pas présenté. Je m'appelle Jésus et je viens de Nazareth».

Il y a presque 20 siècles ce jeune homme d'environ trente ans commença son ministère parmi des hommes et des femmes ordinaires comme vous et moi. Il prit son travail si sérieusement que le message qu'il confia à ce groupe de croyants novices a survécu d'innombrables guerres, des calamités, un antagonisme constant et une persécution brutale. La survie miraculeuse de l'Évangile signifie que nous continuons de remplir la même Grande Commission qu'il donna à ces premiers disciples.

La fatigue physique de Jésus se fit parfois sentir aux yeux de tous lorsqu'il dut faire face à des situations qui éprouvaient sa patience. Après avoir répondu aux besoins d'une multitude de gens qui venaient le voir Jésus s'endormit dans un canot fragile tandis que ses disciples et lui se rendaient de l'autre côté de la Mer de Galilée. Jésus ne se réveilla pas malgré l'orage qui éclata. Ne pouvant plus longtemps contenir leur peur devant cet orage les disciples réveillèrent Jésus, persuadés que leurs vies étaient en danger. C'est à ce moment-là que Jésus interpella ses disciples et dit: «Pourquoi avez-vous si peur? Votre foi est bien petite ! » (Matthieu 8.26). Les disciples venaient d'apprendre qui était Jésus mais malgré cela ils furent lents à croire ce qui démontre combien Jésus usa de patience avec eux tandis qu'il marchait à leurs côtés dans leur chemin de foi. Nous aurions eu la même réaction que Jésus, ou sans doute bien pire, si quelqu'un nous avait interrompu brusquement dans notre sommeil après une longue journée de labeur. Voilà donc Jésus, un jeune pasteur vivant le ministère que lui avait confié son Père, endurant chaque jour (mais avec joie tout de même) l'humanité des disciples imparfaits qu'il avait lui-même choisi.

Nous trouvons en Jésus le modèle parfait du cœur d'un pasteur plein d'amour et de grâce qui fut remarquablement décrit par le Roi David presque 1000 ans avant la naissance du Messie :

L'Éternel est mon berger.
Je ne manquerai de rien.
Grâce à lui, je me repose dans des prairies verdoyantes,
et c'est lui qui me conduit au bord des eaux calmes.
Il me revigore,
et, pour l'honneur de son nom,
il me conduit sur le droit chemin.
Si je devais traverser la vallée où règnent d'épaisses ténèbres,
je ne craindrais aucun mal, car tu es auprès de moi :
ta houlette me conduit et ton bâton me protège.

Pour moi, tu dresses une table
aux yeux de mes ennemis,
tu oins d'huile parfumée ma tête,
tu fais déborder ma coupe.
Oui, toute ma vie,
ta bonté et ton amour me poursuivront
et je pourrai retourner au sanctuaire de l'Éternel
tant que je vivrai.

(Psaumes 23)

C'est avec un cœur de pasteur et tout en reconnaissant la nature imparfaite de son équipe que Jésus forma ses disciples en partageant des principes et des vérités en conjonction avec des méthodes qui laissèrent une impression durable dans leurs vies et celles de leur entourage. Le Maitre transmit ses enseignements dans la vie de tous les jours, sans organiser de conférences, séminaires ou conventions – même lorsque des questions doctrinales ou fondamentales surgissaient. Jésus était pragmatique et simple dans l'implémentation de sa méthodologie. Nous Le voyons par exemple cracher sur la terre battue afin de faire de la boue et de guérir ainsi un homme aveugle depuis la naissance ou bien se tenir sur un âne lors de son entrée triomphale dans Jérusalem. Jésus ne perdait pas de temps ni d'occasion d'instruire ses fidèles lorsque l'opportunité se présentait d'adapter des éléments simples de son environnement afin d'illustrer un point.

Nous pouvons voir dans la Bible comment Jésus forma ses disciples dans la rue, marchant de longues heures et journées en plein soleil, affamé, fatigué ou grelottant de froid. Le Seigneur partagea sa vie avec les rabbins et les prostituées, les hommes d'État romains ou les paralytiques sans recours. Il ne voyait pas de mal à se mettre à table entouré de collecteurs d'impôts ou d'autres pécheurs notoires. Sa mission était claire pour lui et il ne perdait pas de temps à essayer de suivre les traditions sociales et religieuses imposées par les hommes. Il investissait plutôt toute ses habilités à prendre soin de son troupeau.

Après avoir marché longtemps afin de prêcher, guérir les malades et faire des miracles le Maitre préférait manger un bon sandwich (baguette, panini ou quel que soit le sandwich populaire de votre pays) avec ses amis dans le café du coin plutôt que de se reposer séparément dans une chambre d'auberge luxueuse. En partageant sa vie quotidienne avec eux Jésus transmis le message le plus important de l'univers à ses disciples. Ces fidèles imparfaits qui ne percevaient pas encore la mission glorieuse qu'ils étaient sur le point de recevoir – même après avoir partagé leur vie avec le Fils de Dieu même – ces disciples furent transformés par le biais de leurs interactions journalières avec Jésus.

Nous pouvons observer, grâce à la clarté avec laquelle Jésus nous présente sa stratégie à travers les Écritures, que le discipulat est un mode de vie plutôt qu'une activité ou un département au sein de notre église. Lucas Leys écrit: «Le discipulat… commence au moment où nous entrons dans l'affiliation de l'entité (l'église) et se terminera au paradis» 1. Il ajoute: «Être les disciples et les amis du Christ signifie que nous désirons vivre de la manière dont il nous l'a enseigné. Le discipulat n'est pas un programme ou simplement une méthode. Cela implique la pratique des disciplines du Christ à un tel point que nos vies puissent invoquer la même sorte d'obéissance à d'autres. Nous devons vivre les enseignements du Christ afin de les «enseigner» à nos jeunes».[2]

À peu près tout le monde peut communiquer des informations sur la foi chrétienne. Pour ce faire vous n'avez besoin que d'un crayon et d'un cahier où vous rentrez des versets bibliques. Mais transmettre les principes essentiels implique d'aimer Dieu avec ferveur et d'accepter d'être façonné par les mains du maitre potier.

Nous devons nous assurer dans nos ministères auprès de la jeunesse que nous ne sommes pas laxistes dans le travail que nous entreprenons avec les nouveaux croyants. Nous répondons trop souvent à la nécessité de former de jeunes croyants en disciples en offrant quelques leçons d'une étude de la Bible afin d'enseigner «les fondements bibliques du christianisme». Nous agissons comme si nous nous attendions à ce que nos jeunes soient «diplômés» en tant que disciple de Jésus lorsque les leçons s'achèvent comme s'ils étaient étudiants universitaires. Mais malheureusement nous les abandonnons géné-ralement à leur sort dès que la cérémonie est terminée et que les lumières, applaudissements et félicitations disparaissent, espérant que ces «nouveaux disciples» prennent la décision de se faire baptiser afin de devenir, à court terme, membres de l'église. Il nous arrive même d'espérer qu'ils entendront un jour la voix de Dieu les appelant au ministère afin que nous puissions récolter les fruits de nos efforts.

Ce système rudimentaire a été utilisé par bien des gens mais cela ne ressemble en rien aux modèles de discipulat que nous pouvons noter dans la Bible. Il est temps que nous évaluions nos stratégies de discipulat et d'acter tout change-ment nécessaire afin de nous aligner au modèle que le Christ nous a donné : un modèle qui reconnait et répond à l'importance véritable du discipulat de nou-veaux croyants. Nos jeunes comptent sur nous pour bâtir la fondation solide que nécessite la vie chrétienne. Plus important encore, Dieu s'attend à ce que nous faisions de vrais disciples fidèles, pas juste des «convertis». Il est temps que nous assumions cette responsabilité !

Notre tâche

La Grande Commission, ainsi que le défi qui fut lancé de tout laisser derrière soi afin d'annoncer le message de l'Évangile amena également les croyants à aider les nouveaux venus à apprendre et à être façonné par les enseignements et les instructions de Jésus. Accepter l'appel d'aller (ALLEZ) est un fondement essentiel mais nous ne devons pas oublier que ce n'est que la première partie de la Grande Commission. Les efforts qui doivent être fournis afin de renforcer, faire des disciples et former de nouveaux fidèles du Christ est la deuxième partie que nombre de gens parmi nous n'accomplissent pas. Qu'entend donc Jésus lors-qu'il nous commande de former des disciples ?

Nous nous inquiétons d'accomplir le travail de Dieu mais préparons-nous consciemment la prochaine génération à vivre bravement sa foi afin de transmettre le message le plus important de l'univers ?

Faire des disciples, en termes simples, signifie trans-mettre à d'autres le message que nous avons reçu, et faire en sorte qu'ils remplissent la même mission avec autant de ferveur. Le grand apôtre Paul compris très bien cette notion de discipulat comme il le démontra à son jeune disciple Timothée : «Et l'enseignement que tu as reçu de moi et que de nombreux témoins ont confirmé, transmets-le à des personnes dignes de confiance qui seront capables à leur tour d'en instruire d'autres». (2 Timothée 2.2). En gros Paul voulait dire : «Timothée, assure-toi que ce message ne soit pas enfoui avec toi !».

Nous devons être honnêtes avec nous-mêmes et faire le point sur nos propres ministères. Nous nous inquiétons d'accomplir le travail de Dieu mais préparons-nous consciemment la prochaine génération à vivre bravement sa foi afin de transmettre le message le plus important de l'univers ?

Afin de remplir la mission de former de nouveaux disciples nous devons également permettre à d'autres de nous conseiller, de nous guider et de nous former aussi. Dans le ministère il est essentiel que nous recherchions des mentors, des gens démontrant de la maturité et ayant de l'expérience ainsi qu'une autorité spirituelle afin de nous responsabiliser tout en nous permettant de demander des conseils et d'être corrigé si besoin est. Félix Ortiz décrit un mentor de cette façon :

Un mentor n'est ni un père, ni un conjoint, ni Dieu, ni quelqu'un de parfait ; il ou elle est tout simplement un chrétien qui a l'intention ferme d'évoluer dans la connaissance de Jésus, de L'accepter comme Seigneur et Sauveur, de Le suivre et d'aider d'autres croyants à approfondir leur propre expérience avec le Seigneur. Deux vérités découlent de cette notion : 1) Un mentor est un fidèle actif de Jésus, 2) qui aide d'autres croyants à devenir des fidèles actifs de Jésus à leur tour. [3]

Il est nécessaire et sain d'être flexible et de reconnaitre combien nous avons besoin d'être corrigé par quelqu'un d'autre, surtout lorsque nous atteignons de nouveaux échelons de discipulat. Nous ne devons jamais oublier que nous sommes des brebis suivant le Bon Pasteur. Francisco Cifuentes, un pasteur chilien dit : « Je suis une brebis qui tient sur ses deux pattes arrière le dimanche ».

Si Jésus lui-même se rendait vers le Père tous les jours, dans l'intimité et l'humilité, nous devrions bien plus encore faire de même ! Demandez aujourd'hui à Dieu de vous donner un cœur et un esprit ouvert à l'apprentissage.

D'un point de vue éthique et pragmatique il est impossible de former de jeunes gens selon le cœur de Dieu si nous ne connaissons pas nous-mêmes le cœur de Dieu. Il est nécessaire, à tous niveaux, de passer du temps avec quelqu'un afin de connaitre cette personne. Une relation intime et continue avec Dieu vous permet donc naturellement et surnaturellement de remplir la grande tâche de la formation de disciples du Christ. Si nous ne sommes pas conformes au Christ nous formerons alors des disciples personnels selon notre propre cœur, des disciples qui suivent notre exemple et prennent des décisions basées sur notre humanité et non pas à l'image de Jésus que nous devrions représenter. Nous devrions régulièrement nous poser cette question : « Est-ce que je forme des disciples à mon image où bien des disciples de Jésus ? ».

> Si nous ne sommes pas conformes au Christ nous formerons alors des disciples personnels selon notre propre cœur, des disciples qui suivent notre exemple et prennent des décisions basées sur notre humanité et non pas à l'image de Jésus que nous devrions représenter.

Il y a une expression populaire qui dit : « celui qui est paresseux fait le double du travail ». Je pense que cette phrase montre bien le fardeau énorme incombant à celui essayant de former des disciples même lorsque nous sommes devenus paresseux spirituellement, oubliant ainsi de passer du temps chaque jour à des habitudes spirituelles nous permettant d'évoluer personnellement. D'un autre côté, c'est lorsque nous passons du temps avec Dieu d'une manière disciplinée que ceux de notre entourage prennent exemple sur notre rigueur et notre attitude évoluant ainsi toujours plus vers Jésus. Voilà l'objectif que Paul donna aux Éphésiens : « Ainsi nous parviendrons tous ensemble à l'unité dans la foi et dans la connaissance du Fils de Dieu, à l'état d'adultes, à un stade de maturité où se manifeste la plénitude qui nous vient de Christ » (Éphésiens 4.13).

La question qui se pose est alors celle-ci : « Comment Jésus forma-t-il des disciples ? »

Bien qu'il ai formé des disciples de façon informelle et sans nous laisser un manuel d'instructions précises il est possible de discerner dans les Évangiles quatre aspects distincts dans la stratégie de discipulat que Jésus utilisa. Ces derniers peuvent être classés selon la taille de l'audience avec laquelle il communiquait. C'est avec bien de la sagesse que l'Enseignant allouait des ressources et investissait son temps selon ce que chaque groupe devait accomplir afin de provoquer des impacts variés, d'insuffler de la confiance et générer de l'intimité.

Nous allons donc observer toutes les façons uniques que Dieu utilisa afin de former des disciples dans les foules, le grand groupe de fidèles (connus sous le nom « les 72 »), les douze apôtres et enfin le petit groupe intime de 3 disciples. Nous étudierons un peu chaque groupe ainsi que l'influence générée par Jésus sur eux.

Les foules

Jésus commence son ministère public dans une grande foule alors qu'il se fait baptiser et reconnaitre comme le Messie par son cousin Jean le Baptiste dans le Jourdain. Bien que cela ne soit pas sa priorité Jésus dédia une partie de son temps à partager sa vie, à dispenser ses enseignements et à offrir son service avec de larges groupes de gens qui comptaient parfois plusieurs milliers de personnes.

Les témoignages les plus connus de son travail de discipulat à des groupes de cette taille sont « Le Sermon sur la Montagne » (Évangile de Matthieu, chapitre 5) et la « Multiplication des Pains » (Évangile de Jean, chapitre 6).

Avec une audience de cette taille Jésus Se limita à partager des enseignements généraux qui pourraient s'appliquer à quiconque et à n'importe quelle situation et investit son temps à faire des miracles selon les besoins qui se manifestaient. Jésus n'aurait pas pu travailler avec chaque individu rencontré de façon poussée et personnelle. Il démontra pourtant combien les foules comptaient pour lui en répondant à leurs besoins.

Voilà peut-être la façon la plus commune de former des disciples en utilisant l'approche traditionnelle de l'église. Le pasteur, le leader ou l'enseignant se limite à guider son groupe de derrière une chaire, utilisant la prédication afin de corriger et d'instruire la congrégation. L'avantage de cette approche est qu'un grand nombre de personnes peuvent être influencées en même temps mais l'inconvénient est l'impossibilité de répondre aux besoins et questions propres à chaque individu.

Les foules ou les congrégations comme zone d'influence procurent de bonnes opportunités de former des disciples sur une vaste échelle. Mais cela ne peut être la seule façon que nous avons d'impliquer les gens dans le discipulat.

Le grand groupe

Seul l'Évangile de Luc (chapitre 10) contient le témoignage du temps où Jésus envoya un groupe de 72 disciples (ou 70 selon la version de la Bible que vous utilisez) remplir la tâche de visiter les villes où il comptait se rendre ensuite. Les disciples se divisèrent en paires afin de prêcher et d'accomplir des guérisons parmi le peuple.

Il fallut que Jésus choisisse des gens prêts à le suivre et à s'engager pleinement parmi les foules afin de former son groupe de 72 personnes. Cela laisse entendre que Jésus passa plus de temps avec les 72 qu'avec les foules. Il plaça sa vie et ses enseignements en eux de manière plus prononcée qu'avec les foules.

Nous pouvons également inclure dans cette catégorie le groupe de croyants qui resta uni et persévéra après l'ascension du Christ, un groupe mentionné dans le chapitre 1 du livre des Actes. Matthias fut choisi parmi tous ceux qui faisaient partie de ce groupe en tant qu'apôtre qui serait le successeur de Judas Iscariote. Les conditions de cette nomination furent que la personne choisie devait avoir suivi Jésus durant son temps sur terre et d'avoir également été témoin de sa résurrection. Il nous est rappelé dans ce passage le groupe de fidèles, hommes et femmes, ayant suivi Jésus depuis le début de son ministère sur terre et qui s'impliquèrent pleinement dans le discipulat reçu du Christ. Jésus eut donc l'opportunité de s'investir en eux et de leur procurer un discipulat plus poussé.

Il est essentiel de faire attention à ces gens dans votre ministère qui montrent des signes de vouloir s'impliquer plus en avant dans leur relation avec Jésus et qui s'intéressent au service dans et hors de l'église. Nous devrions commencer à confier à ceux qui se rapprochent de Dieu quelques responsabilités au fur et à mesure qu'ils prennent leur place dans le corps de l'église et utilisent leurs talents pour le royaume, tout comme le fit Jésus.

Le petit groupe

Il est flagrant en lisant les Évangiles de noter combien de son temps Jésus réserva à un groupe spécifique de fidèles, les douze apôtres. Jésus passa la plupart de son temps avec ces douze disciples à part les moments passés en prière et en retraite personnelle. Il passa les trois dernières années de sa vie sur Terre avec ce groupe restreint d'hommes, partageant chaque situation que la vie leur fit traverser, quelle qu'en soit la banalité. Il profita de la confiance, de la transparence et de l'intimité qu'un groupe de cette taille offrait afin de former les apôtres et leur montrer le mode de vie qu'il attendait d'eux.

Travailler avec de petits groupes n'est clairement pas le système de croissance employé par une église ou une mode passagère de ministères ecclésiastiques contemporains. Jésus lui-même nous enseigne que le plus beau résultat de son ministère ne résulte pas du temps passé avec les multitudes mais bien dans le temps précieusement investi avec ses disciples les plus proches. C'est grâce à cet état de fait que Jésus fut capable de créer un impact aussi puissant, authentique et éternel dans la vie de chaque apôtre.

Que vous les appeliez petits groupes, groupes cellulaires, graines, maisons de prière, groupes de vie, groupes de connexion, centres de bénédiction, groupes d'amitiés ou le nom le plus original que vous puissiez inventer il est nécessaire que vous et vos autres leaders auprès de la jeunesse passiez du temps à influencer vos jeunes avec votre vie. Il est essentiel de partager sa vie avec les jeunes afin de les aider à prendre conscience de leur propre responsabilité et rôle dans l'accomplissement du Grand commandement missionnaire.

Je vous encourage à bien planifier votre temps afin que vous puissiez passer aux moins deux heures chaque semaine avec votre petit groupe autour d'un café ou d'une glace et de discuter de ce que cela signifie de vivre dans la dévotion et d'aimer la vie en Dieu. Ce sont des moments que vos jeunes n'oublieront jamais et qu'ils recréeront sans doute avec ceux qu'ils essaient de former en tant que disciples.

Les liens dans le ministère ne naissent pas automatiquement mais doivent être consciemment tissés. Lucas Leys écrit:

> Les leaders efficaces reconnaissent que les élèves n'ont pas besoin de prêcheurs, de théologiens ou de thérapeutes mais plutôt d'amis matures qui savent comment agir dans la vie de manière chrétienne et sont prêts à partager cette vie avec eux. Le ministère relationnel a pour but d'amener les jeunes gens à acquérir cette même maturité et détermination par le biais de l'amitié et du travail relationnel[4].

Ces petits groupes sont essentiels car le peu de temps dont nous disposons durant cette rencontre avec nos jeunes n'est pas suffisant pour transmettre tous les principes bibliques et vérités de la vie dont ils ont besoin afin de survivre dans cette société séculaire qui devient de plus en plus compliquée. L'ennemi veut nous séparer car il sait combien nous sommes plus forts lorsque nous sommes unis. Prenez l'initiative comme Jésus le fit d'investir votre vie dans la jeunesse que Dieu vous a confié. La vie chrétienne a été conçue afin d'être appréciée au sein d'une communauté et non pas dans la solitude.

Le groupe d'intimes

L'apôtre Paul déclare : « Dieu ne fait pas de favoritisme » (Romains 2.11). Jésus eut cependant des disciples (et amis) avec qui il partagea certains des moments les plus uniques et importants de son ministère.

C'est en étudiant l'histoire de Jésus ressuscitant la fille de Jaïre dans l'Évangile de Marc, chapitre 5, verset 37 et 40 qu'il est dit que Jésus permis à seulement trois de ses disciples de L'accompagner dans la maison et d'entrer avec lui dans la chambre où se tenait l'enfant. Ces fidèles étaient Pierre, Jacques et Jean.

Si vous vous rendez au chapitre 9 du même livre et regardez le verset 2 vous verrez que Jésus n'est de nouveau accompagné que des trois mêmes disciples : Pierre, Jacques et Jean. C'est à ce moment-là qu'advient quelque chose de telle-ment choquant et surnaturel que les disciples se mettent à trembler de peur et ne peuvent contenir leur étonnement. Le verset 10 nous donne un détail intéres-sant – ils gardèrent cet évènement secret. Cette attitude démontre clairement la confiance qui existait entre le Rabbin et ses trois disciples les plus proches.

Nous pouvons également noter l'importance d'un tel lien dans les derniers moments avant la crucifixion lorsque Jésus invite ces trois mêmes apôtres à rester près de lui :

> Il prit avec lui Pierre et les deux fils de Zébédée. Il commença à être envahi d'une profonde tristesse, et l'angoisse le saisit. Alors il leur dit : je suis accablé de tristesse, à en mourir. Restez ici et veillez avec moi ! ». Dans le passage suivant il tomba face contre terre et pria « O Père, si tu le veux, écarte de moi cette coupe ! Toutefois, que les choses se passent, non pas comme moi je le veux, mais comme toi tu le veux. (Matthieu 26.37-39)

La caractéristique unique de cette sphère d'influence intime est le fait que Jésus ne partagea le moment le plus difficile de son ministère qu'avec ses trois disciples en qui il avait le plus confiance : Pierre, Jacques et Jean. Cela démontre combien il est important pour les jeunes que nous formons de participer non seulement aux moments joyeux de l'existence mais aussi à ceux s'avérant plus difficiles. Il leur est essentiel de nous considérer comme des êtres humains vulnérables à la douleur et au besoin, de voir des leaders de chair et de sang dépendant du Père dans toute circonstance de la vie. Ils doivent observer cela en nous afin de comprendre que leurs propres peurs, doutes et épreuves ne les empêchent pas de marcher avec Jésus. Il est rassurant de savoir qu'un leader parfait, totalement autonome et intouchable n'existe pas.

Nos groupes de discipulat

Observer et comprendre les différentes méthodes que Jésus utilisa lors de son discipulat devrait nous enthousiasmer et nous motiver à consciemment faire en sorte d'impliquer ces groupes dans le discipulat. Le discipulat doit toujours être perçu comme allant au-delà d'une simple transmission de savoir à mémoriser. Jésus déversa sa vie sur ceux L'entourant, alors même que son influence grandissait auprès de ceux étant le plus proche de lui.

> **Le discipulat doit toujours être perçu comme allant au-delà d'une simple transmission de savoir à mémoriser.**

Dans son livre *Les 21 Lois Irréfutables du Leadership* John Maxwell appelle la dernière de ses lois pour leaders efficaces « La loi de succession » qui affirme que « La valeur durable d'un leader est mesurée par ce qu'il laisse derrière lui »[5]. Maxwell écrit ainsi :

> Presque tout le monde peut apporter de la notoriété à une organisation – créer un nouveau programme ou un produit marquant, amener les foules à accomplir une tâche ou réduire radicalement le budget afin de renforcer les éléments essentiels. Mais les leaders laissant derrière eux un héritage moral prennent des mesures différentes. Ils dirigent pour aujourd'hui tout en gardant demain en tête[6].

Cette notion pourrait également être appliquée au discipulat et peut être observée dans Jésus et dans la manière et le contenu de son enseignement. Le Messie avait pleine autorité et tout pouvoir de répondre aux requêtes incessantes de ses disciples de libérer Israël de l'Empire romain, d'organiser une grande révolte aux conséquences catastrophiques et au d'obtenir au final toute la gloire de la victoire. Mais le sage Enseignant de Galilée investit plutôt son ministère avec humilité et modestie, avec amour et respect pour le Père dans la tâche complexe de former des disciples et des leaders qui lui succèderait après qu'il n'est plus avec eux.

Cherchez à suivre l'exemple de Jésus au fur et à mesure que vous lisez les chapitres restants de ce livre et explorez de nouvelles ou différentes façons d'amener la jeunesse au discipulat. Prenez le travail du partage de la Bonne Nouvelle au sérieux. Laissez un héritage moral. Paul conseilla à Tite, un jeune pasteur: « Recommande aussi aux jeunes gens d'agir de manière réfléchie. Sois toi-même en tout un modèle d'œuvres bonnes. Que ton enseignement soit fidèle et qu'il inspire le respect » (Tite 2.6-7)

CHAPITRE 2

Au commencement: Des disciples formant des disciples

Nicholas Barasa

Nicholas Barasa est le coordinateur de la jeunesse de champ de la région d'Afrique de l'Est servant à Nairobi au Kenya. Le ministère auprès de la jeunesse le passionne car il aime former des leaders et créer un impact auprès des jeunes avec la Parole de Dieu. Nicholas voit le discipulat comme le chemin permettant d'évoluer vers une ressemblance plus poussée au Christ. Il désire connaitre Dieu et Le faire connaitre au reste de sa génération.

L'église du 21ème siècle semble être à un tournant majeur. Nous devons réfléchir avec perspicacité à la façon dont nous avons accompli ou échoué à la tâche de la Grande Commission de former des disciples. Nous devons être honnêtes avec nous-mêmes après avoir analysé où nous avons échoué, nous repentir et bien évidemment évoluer. En Afrique il est dit que le Christianisme est large d'un kilomètre mais profond d'un seul centimètre. Voilà un commentaire bien triste de la vie chrétienne en Afrique et qui pourrait également s'appliquer à bien d'autres pays du monde. L'Évangile s'est répandu et bien que les gens soient religieux la plupart ne sont pas ancrés en Christ. Ils disent bien être chrétiens mais le cœur du Christ ne se reflète pas dans leur conduite et leurs croyances et l'origine de cette dualité est le manque réel de discipulat.

Le discipulat est un voyage qui devrait commencer une fois qu'un individu donne sa vie au Christ. Le nouveau croyant commence à apprendre et à vivre les fondements de la foi chrétienne, le but du discipulat étant alors de les aider à grandir et évoluer spirituellement en Christ. En d'autres termes, le voyage pour devenir à l'image du Christ commence lorsqu'une personne s'abandonne entièrement à Dieu, et le chemin continue chaque jour passé à lâcher prise de plus en plus. La vie du Christ était sans tâche et cela devrait être le désir de tout chrétien de vivre une vie illustrant celle du Christ.

Le discipulat ne peut advenir par hasard. Le discipulat intentionnel est la clé permettant de moduler la vie d'une personne selon les valeurs, les enseignements et l'exemple du Christ. Jésus sélectionna les douze personnes avec qui passer tout son temps, les éduquant et leur permettant de poser des questions. Jésus marcha avec les douze apôtres pendant trois ans afin de les envoyer ensuite de par le monde afin d'éduquer d'autres gens. Notre responsabilité dans le ministère auprès de la jeunesse ne diminue pas dès que nos jeunes sont trop vieux pour faire partie d'un groupe de

> **Le discipulat intentionnel est la clé permettant de moduler la vie d'une personne selon les valeurs, les enseignements et l'exemple du Christ.**

jeunesse. Notre responsabilité est de les former en tant que disciples afin qu'au moment où nous les « envoyons de par le monde » leur foi soit bien ancrée, qu'ils aient une relation proche avec Dieu et soient prêts à enseigner à d'autres. Pour ce faire nos pensées, nos stratégies et nos ressources ont besoin d'être orientées vers le ministère de discipulat.

Nous pouvons prendre exemple sur la méthode verbale traditionnelle africaine utilisée pour transmettre l'histoire et les valeurs aux jeunes. La jeunesse pourra ainsi perpétuer les traditions et le système de valeur de la société en grandissant. Les anciens profitaient de toute opportunité en parlant aux jeunes de mettre en avant le système de croyance de la communauté, le moment le plus approprié étant l'étape du rite de passage. Ces pratiques montrent combien les anciens étaient fins stratèges afin de garantir que les croyances, valeurs et traditions de la communauté ne se perdent pas au fur et à mesure. Leur assiduité dans cette tradition orale eut pour résultat d'assurer que l'identité de la communauté fut transmise d'une génération à l'autre.

Il est donc important avant de commencer à consciemment former nos jeunes dans le discipulat de se demander honnêtement si nous avons nous-même réellement appris les croyances, valeurs et traditions de la communauté chrétienne. Avons-nous adopté et vivons-nous les enseignements clés que nous devrons transmettre à la nouvelle génération ? Avons-nous pris le temps de nous occuper de notre propre discipulat ? Y-a-t-il des gens ou des groupes de gens qui nous responsabilisent et nous aident tout au long de notre propre voyage de la foi ? C'est un point essentiel car dans la vie nous ne pouvons pas donner ce que nous ne possédons pas.

Qui fait de vous un disciple ?

Bien qu'il y ait des gens qui ne se sentent pas responsable de former d'autres gens car ils n'ont pas eux-mêmes bénéficiés de discipulat, cela ne nous empêche pas de devoir remplir la Grande Commission. Priez dès à présent pour que Dieu vous guide vers quelqu'un qui pourrait faire de vous un disciple. Le discipulat n'advient pas forcément lorsqu'une personne plus âgée assise en face de vous répond à vos questions. C'est une forme de discipulat mais ce n'est pas la seule. Deux amis se rencontrant régulièrement afin de discuter de leur foi, de poser des questions difficiles et de se responsabiliser l'un l'autre est aussi une forme de discipulat. Ce qui compte c'est d'avoir quelqu'un présent dans notre vie qui nous parlera du fond du cœur, nous servira de mentor, nous réprimandera, nous corrigera et nous encouragera.

Afin de se faire une idée plus précise de cette notion nous allons observer trois relations de discipulat différentes dans la Bible. Ces passages devraient nous inspirer pour notre propre discipulat et nous donner des pistes quant au discipulat que nous désirons inculquer à la jeunesse.

Jéthro et Moïse

Une relation de discipulat spécifique qui me parle est celle entre Moïse et son beau-père Jéthro. Moïse était un grand leader qui avait la lourde responsabilité de sortit la nation d'Israël de son esclavage en Égypte afin de la mener à la terre promise que Dieu avait donné à ses ancêtres. Moïse ayant pour tâche de mener les enfants d'Israël tout en servant de représentant auprès de Dieu et de régler les litiges fut vite dépassé par les besoins du peuple. Le beau-père de Moïse en fut témoin et le conseilla. De sa perspective reculée Jéthro perçu la situation différemment et fut en mesure de conseiller Moïse. Jéthro rappela Moïse à sa tâche première qui était de « représenter le peuple auprès de Dieu » (Exode 18.19). Jéthro transmis également à Moïse une nouvelle méthode afin de diriger et déléguer des responsabilités de leader à d'autres personnes.

Jéthro n'est seulement mentionné que deux fois avant ce passage et n'apparait plus ensuite dans le texte biblique. Mais les paroles avisées que Jéthro communiqua à Moïse changèrent la façon dont ce dernier dirigea et accomplit son ministère. Jéthro ne forma pas Moïse plus que cela d'après ce que nous savons du texte mais on peut observer que leur relation de beau-père et beau-fils était basée sur une grande confiance ce qui permis à Moïse d'accepter le réajustement que Jéthro proposait.

En tant que leader dans une église locale et dans le ministère auprès de la jeunesse j'ai dû parler de beaucoup de sujets problématiques et rechercher des individus qui me responsabiliseraient surtout lorsque je dois faire preuve de discernement ou prodiguer des conseils. Je sais combien il est important d'avoir quelqu'un qui me responsabilise dans mon chemin spirituel et dans celui de leader. Cela doit être une personne de confiance et quelqu'un étant prêt à me parler sincèrement lorsque les choses ne vont pas comme il faut. En tant qu'autorités spirituelles dans nos vies nous devons penser à nous rapprocher de nos pasteurs pour ce genre de discipulat et de conseil. C'est en étant un parent spirituel que cette personne sera à même de prier avec nous tout en nous contredisant si nécessaire au fur et à mesure que nous évoluons dans notre relation avec Dieu.

Soyez donc perspicaces. Qui est-ce que Dieu pourrait être en train d'utiliser afin d'intercéder dans votre vie même si cette personne n'est pas quelqu'un que vous voyez régulièrement ? À qui est-ce que Dieu pourrait vous demander de parler et de partager une vérité qui aidera cette personne dans son propre chemin spirituel ?

Paul et Barnabas

Durant ses voyages Saul implanta des églises un peu partout et prêcha la bonne nouvelle de Jésus aux Païens tout en étant accompagné d'autres leaders de l'église. Une des personnes clés avec qui il accomplit son ministère fut

Barnabas. Nous pouvons observer le début de ce lien ministériel entre Paul et Barnabas dans Actes 11 tandis qu'un passage d'Actes 13.2 nous informe que les croyants d'Antioche reçoivent cette instruction du Saint-Esprit: «Mettez à part pour moi Barnabas et Saul pour l'œuvre à laquelle je les ai appelés». Le texte ne nous donne pas la raison de ce compagnonnage mais nous pouvons clairement constater au fil du récit de l'église primaire combien ces deux leaders eurent besoin de se soutenir l'un l'autre.

J'ai appris, en tant que leader du ministère pour lequel Dieu m'a appelé, l'importance d'avoir un «Barnabas» dans ma vie. Le «Barnabas» en question étant tous les collègues du ministère nous soutenant dans le nôtre. Ce sont peut-être des gens servant un rôle similaire au votre dans votre propre ministère ou dans une autre église mais cela devrait être avant tout quelqu'un dont vous êtes proche, qui comprends ce pour quoi Dieu vous a appelé et est passionné par ce que vous faites. Ces collègues seront là pour prier avec vous, vous motiver à être une meilleure personne et vous encourager dans le voyage vous amenant à être à l'image du Christ.

Le ministère auprès de la jeunesse peut être source de problématiques uniques et variées ainsi que d'embuches éventuelles au cours de notre chemin ministériel. Marcher aux côtés d'un collègue dans ce chemin de discipulat nous permet de profiter de quelqu'un comprenant ces problématiques uniques et pouvant nous responsabiliser. Cette personne saura vous questionner sur votre voyage spirituel et votre relation avec Dieu autant que sur votre ministère et le travail que vous accomplissez pour l'église. Elle notera les décisions que vous prenez dans et hors de l'église et s'adressera à vous si elle a des doutes à ce sujet.

Ce genre de relation de discipulat présente un autre avantage du fait que vous pouvez apporter le même soutien et responsabiliser en retour ce collègue ministériel. Vous vous motiverez l'un l'autre et pourrez être source de réconfort à celui qui est éprouvé. Vous pourrez apprendre l'un de l'autre, étudier la Bible ensemble et faire en sorte que votre relation auprès de Dieu reste la priorité absolue dans vos vies.

Paul and Timothée

Paul fit en sorte de nommer des leaders pouvant continuer le ministère après lui dans les églises qu'il avait implantées lorsque le Saint-Esprit l'amena à poursuivre sa tâche ailleurs. D'autres personnes associées au ministère voyageaient entre les églises servant de messagers et encourageant les croyants. Une personne en particulier investit beaucoup de son temps à servir de mentor et à faire du discipulat. Cette personne était Timothée, un jeune homme regorgeant d'énergie qui était passionné par le ministère. Nous le rencontrons dans Actes pour la première fois alors qu'il accompagnait souvent Paul et Silas en voyage. Paul le mentionne ensuite dans ses lettres à diverses églises et nous pouvons constater que Timothée est mentionné comme étant un collègue et compagnon ministériel de la bonne nouvelle de Jésus. Dans les livres Timothée 1 et 2 nous pouvons lire les sages conseils que Paul lui donna. Paul désirait voir des leaders biens formés au discipulat poursuivre la tâche ministérielle parmi ces groupes de jeunes croyants.

Le modèle de discipulat que nous pouvons observer en Paul et Timothée est celui auquel nous pensons traditionnellement lorsqu'est mentionnée la notion de discipulat. Ce livre ayant pour but de motiver les jeunes à entrer dans le discipulat je désire juste m'assurer que nous faisons une pause et considérons notre propre discipulat et que nous nous assurons d'avoir des gens nous encourageant dans notre propre marche aux côtés de Dieu. En tant que chrétiens nous avons cependant une responsabilité envers les autres. Notre propre chemin de discipulat doit garder son propre «Timothée» en tête, celui qui est présent dans notre vie. En qui investissez-vous votre vie afin que la prochaine génération puisse faire pousser des racines profondes de la foi?

Les méthodes naturelles du discipulat

Il y a plusieurs moyens de nous engager dans la formation de disciples dans le contexte ministériel. Ce qui marche le mieux avec moi dans mon domaine ministériel est d'avoir des étapes de croissance afin qu'une personne puisse observer rétrospectivement le développement et l'évolution d'un nouveau croyant. Cela permet au disciple et à la personne formant le disciple de noter s'il y a eu du progrès ou pas dans leur chemin de la foi. Même avec ces étapes il est important de se rappeler que le discipulat est un voyage et non pas une formule. Le discipulat consiste entièrement à forger une relation durable, c'est donc un voyage que les deux individus doivent désirer entreprendre ensemble. Leur expérience du discipulat sera particulièrement plaisante lorsqu'ils s'engagent à rester sur le même chemin.

Ce voyage de discipulat peut prendre bien des formes. Vous pouvez même développer votre propre processus s'il porte ses fruits. Les étapes de «regardez-moi», «faisons ensemble» et «agissez tandis que j'observe» sont des principes coutumiers afin d'aider les gens à acquérir de nouvelles aptitudes. Voilà comment j'utilise ces trois étapes lorsque je m'engage dans un discipulat, quel qu'il soit. Ces trois étapes peuvent être un bon moyen de déterminer le progrès de toute stratégie de discipulat.

Regardez-moi

Il est important en tant que leader ou ouvrier auprès de la jeunesse de servir d'exemple actif aux gens que vous formez au discipulat. Ces nouveaux croyants vous observent et développeront la même attitude et mentalité que vous.

Le discipulat devrait débuter en laissant le nouveau croyant observer la façon dont vous vivez votre foi. La manière que vous avez de pratiquer les disciplines spirituelles servira d'exemple au nouveau converti et à ces jeunes chrétiens.

Comme mentionné précédemment il est difficile d'offrir ce que vous ne possédez pas ou de dire à quelqu'un de faire quelque chose tout en sachant parfaitement que vous n'êtes pas à même de le faire. Laissez donc les élèves et les jeunes s'éduquer en observant votre mode de vie.

Les jeunes croyants nous observent tout comme un jeune enfant regarde et copie ce que font les adultes autour de lui, nos choix et nos actions comptent donc énormément.

Faisons ensemble

Le discipulat est un voyage qui requiert un investissement actif de la part des deux parties. Encouragez vos jeunes disciples à commencer à pratiquer les disciplines spirituelles. Laissez vous élèves participer alors qu'ils marchent à vos côtés dans ce voyage. Prenez le temps de lire la Bible avec eux, de leur montrer comment prier et faites en sorte de pratiquer le jeûne ensemble. Commencez doucement et aidez-les à incorporer ces disciplines étape par étape dans leurs vies. Quoi que vous fassiez laissez ceux que vous formez vous suivre car vos expériences sur le terrain les éduqueront.

Il est important pour les nouveaux croyants de respecter la nouveauté de leur foi et de commencer tout doucement. Ils prendront confiance en eux et se montreront plus assurés lorsque leur foi évolue et vous pourrez donc attendre plus d'eux.

Agissez tandis que j'observe

Vous serez en mesure tôt ou tard de confier des responsabilités à vos disciples alors que vous observez leur foi évoluer et qu'ils vivent de plus en plus ce en quoi ils croient. Quelques-unes de ces responsabilités pourraient par exemple consister à les laisser mener un petit groupe de dévotions ou à diriger la prière, s'impliquer dans l'évangélisation ou accomplir certaines tâches du ministère. Les inviter à diriger n'est pas juste une méthode de développement du discipulat mais sert également à les former eux-mêmes. Le transfert de celui recevant en celui qui donne est une étape cruciale afin de donner l'opportunité au disciple d'évoluer à son rythme.

> Le transfert de celui recevant en celui qui donne est une étape cruciale afin de donner l'opportunité au disciple d'évoluer à son rythme.

Ces nouvelles responsabilités seront effectuées sous votre supervision afin que vous puissiez corriger vos disciples si nécessaire tout en les félicitant lorsqu'ils ont bien fait les choses.

Le syndrome du frère aîné

Laissez-moi vous mettre en garde. Il arrive parfois que le syndrome du frère aîné apparaisse lors du discipulat. Cela vient de l'histoire du fils prodigue. Le jeune fils étant parti voyager dans une contrée lointaine et ayant dilapidé tout son héritage il revient à la raison et retourne chez lui espérant devenir un serviteur quelconque au foyer de son père. Ce dernier l'accueille au contraire à bras ouverts et organise pour lui une grande célébration afin de réaffirmer la place de son plus jeune fils au sein de la famille.

Le frère aîné se met en colère contre son père lorsqu'il arrive au foyer et est mis au courant de la célébration et se plaint donc à lui de cette fête organisée pour le retour du fils «ingrat». Il se plaint plutôt que de se réjouir. Il est en colère plutôt que de souhaiter la bienvenue au frère absent depuis longtemps et qui revient maintenant au sein de la famille. Il pensait bien plus mériter cette attention pour être resté au foyer et loyal envers son père contrairement à son frère cadet.

Le «syndrome du frère aîné» n'est pas quelque chose dont nous parlons facilement dans l'église, nous ne sommes même pas sûrs qu'il existe vraiment. Cette parabole nous rappelle cependant qu'il y a des gens qui sont chrétiens depuis longtemps mais peuvent se montrer irascibles à la venue d'un nouveau croyant au sein de la communauté de la foi. La plupart n'oseraient pas l'admettre mais ces «frères ainés» se mettent souvent à critiquer les «frères cadets» et les traitent même avec suspicion. Les nouveaux croyants ne se sentent pas les bienvenus si cette attitude n'est pas reconnue et si personne n'est là pour marcher avec eux dans leur foi naissante ils se peut qu'ils s'en retournent à la vie qu'ils avaient avant de découvrir le Christ.

Nous devons apprendre à nos jeunes comment accepter et accueillir de nouveaux croyants. Nous pouvons les former en leur donnant des techniques afin que les nouveaux arrivants dans le groupe se sentent les bienvenus. Voilà une opportunité de discipulat pour nos jeunes qui sont plus avancés dans leurs chemins spirituels plutôt que de les voir interagir avec les nouveaux croyants avec suspicion ou de les rejeter à cause de leur vie passée. Nous pouvons réinventer pour eux le rôle idéal du grand frère ou de la grande sœur.

Utiliser cette notion de grand frère ou de grande sœur avec perspicacité offre aux jeunes chrétiens l'opportunité d'être entouré de croyants aimants et attentifs à leurs besoins, des gens dont ils peuvent s'inspirer durant leur voyage de la foi. Mais nous serons sans aucun doute la cause de torts irréparables à la foi de ces jeunes croyants et finalement à l'église elle-même si nous n'utilisons pas pleinement cette opportunité.

Par où commencer

Les disciples reçurent l'instruction de se rendre à Jérusalem au début d'Actes et d'y attendre le cadeau promis par le Saint-Esprit. Le pouvoir de ce dernier allait leur permettre d'être les témoins de Dieu «à Jérusalem, dans toute la Judée et la Samarie et jusqu'au bout du monde» (Actes 1.8). Voilà l'instruction que Jésus donna à ses disciples et dont nous pouvons tirer des leçons pour savoir par où commencer.

Les disciples obéirent d'abord à l'ordre qui leur avait été donné de rester dans un même endroit afin de recevoir le Saint-Esprit. Nous devons posséder un esprit obéissant afin d'être des disciples efficaces et pouvant former d'autres disciples, un esprit sensible à la voix de Dieu et étant toujours prêt à suivre les instructions données par Dieu. Il a été ordonné à chacun de nous de former des disciples parmi toutes les nations et pour ce faire nous devons avoir le désir d'obéir aux instructions de Dieu. Dieu pourra ainsi nous utiliser afin de créer un impact durable dans notre monde pour le Royaume de Dieu.

Les disciples avaient ensuite un but commun. Ils obéirent et furent unis dans cet objectif collectif de la mission de Dieu. Ils devaient prendre part à cette mission en amenant l'Évangile partout dans le monde et furent unis dans leur désir d'accomplir la tâche donnée. Les croyants d'aujourd'hui doivent être unis par le même objectif lorsque nous nous lançons dans le discipulat. Cela implique d'être conscient de nos choix et de la façon dont nous formons les autres tout en ayant un réel désir de remplir cette tâche avec toute personne que Dieu nous envoie.

Le troisième aspect est simplement le témoignage des disciples. Ces derniers ne gardèrent pas le message pour eux-mêmes après que le Saint-Esprit leur eut rendu visite mais s'en allèrent plutôt partage la bonne nouvelle de Jésus et le pouvoir de sa résurrection. En tant que croyants nous avons été appelés à servir de témoins. Nous sommes les témoins directs des agissements de Dieu et de ceux qu'il a accompli dans nos vies. Le monde a désespérément besoin de témoignages fidèles et authentiques pouvant démontrer le pouvoir transformatif de Jésus lorsqu'une vie lui est donnée volontairement. Les nouveaux croyants ont également besoin de ces témoignages fidèles et authentiques afin de leur servir d'exemple tout au long de leur voyage de discipulat.

Le plus important est de reconnaitre que nous ne pouvons pas former de nouveaux disciples de par nous-mêmes. Le Saint-Esprit est notre guide et c'est lui qui nous permet d'être des disciples fidèles et authentiques. Demandez à Dieu de vous remplir du Saint-Esprit afin que vous puissiez évoluer dans votre propre chemin et puissiez servir de guide fidèle à la prochaine génération de croyants. Le discipulat est un voyage incroyable. Faisons en sorte d'en faire profiter les autres.

CHAPITRE 3

Le discipulat: Être formé par le biais des disciplines spirituelles

Milton Gay

Milton Gay est le coordinateur régional de la JNI en Méso-Amérique et un missionnaire servant au Guatemala. Il est particulièrement intéressé par le ministère auprès de la jeunesse car il est témoin d'une génération nouvelle passionnée pour le Seigneur et son œuvre. Il trouve le discipulat essentiel car il change les vies des jeunes et les transforme en disciples du Christ.

Le mot «discipline» n'est pas vraiment populaire. La plupart d'entre nous aimons généralement faire ce que nous voulons quand nous le voulons et nos jeunes sont exactement pareils. Mais si nous sommes vraiment honnêtes avec nous-mêmes nous réaliserons rapidement que l'éclat de l'indulgence personnelle peut s'estomper et que les conséquences négatives en découlant commencent à s'accumuler. La discipline est nécessaire dans la vie de tous les jours ainsi que dans nos vies spirituelles. Dans sa première lettre aux Corinthiens Paul leur rappelle combien il est nécessaire de se policer. «Ne savez-vous pas que, sur un stade, tous les concurrents courent pour gagner et, cependant, un seul remporte le prix? Courez comme lui, de manière à gagner. Tous les athlètes s'imposent une discipline sévère dans tous les domaines pour recevoir une couronne, qui pourtant sera bien vite fanée, alors que nous, nous aspirons à une couronne qui ne se flétrira jamais. C'est pourquoi, si je cours, ce n'est pas à l'aveuglette, et si je m'exerce à la boxe, ce n'est pas en donnant des coups en l'air. Je traite durement mon corps, je le maîtrise sévèrement, de peur qu'après avoir proclamé l'Évangile aux autres, je ne me trouve moi-même disqualifié» (1 Corinthiens 9.24-27).

> **Nous devons être honnêtes avec nous-mêmes lorsque nous réfléchissons aux moyens que nous utilisons pour former nos jeunes et nous demander si nos stratégies de discipulat nous aidons réellement la semence de la foi que nous avons semée parmi notre jeunesse à prendre profondément racine.**

La vie chrétienne demande un effort conscient de vivre correctement et d'évoluer en tant que disciple de Jésus Christ. Des mots comme «entrainement», «endurance» et «discipline» reviennent souvent dans les Écritures afin de réitérer cet élément clé de notre foi. Henri Nouwen indique dans son livre La Formation Spirituelle: «Le discipulat implique par contre une certaine discipline. Le discipulat et la discipline partagent en effet une même étymologie (du latin discere signifiant «apprendre de») et les deux vont donc de pair. La discipline sans discipulat entraine un formalisme rigide, un discipulat sans discipline finit par devenir du romantisme sentimental»[1]. Nous devons être honnêtes avec nous-mêmes lorsque nous réfléchissons aux moyens que nous utilisons pour former nos jeunes et nous demander si nos stratégies de discipulat découlent d'un «formalisme rigide», d'un «romantisme sentimental» ou si nous aidons réellement la semence de la foi que nous avons semée parmi notre jeunesse à prendre profondément racine.

Nous allons discuter dans ce chapitre du discipulat à travers l'utilisation de disciplines spirituelles, telles que la lecture de la Bible, la prière, la louange, le jeûne, le silence, la simplicité, le service et la tenue d'un journal. Nous allons d'abord explorer pour quelle raison notre jeunesse doit pratiquer ces disciplines spirituelles et verrons ensuite quel est notre rôle en tant que formateur de disciples au cours de ce processus. Nous donnerons enfin des suggestions pragmatiques afin d'incorporer ces disciplines dans nos ministères auprès de la jeunesse.

Les disciplines spirituelles et la jeunesse

Richard Foster décrit les disciplines spirituelles dans son livre *Célébration de la Discipline* comme étant «un moyen de semer au nom du Saint-Esprit. La Discipline est le moyen par lequel Dieu sous plante fermement dans le sol; elle nous permet de nous amener là où il peut agir à travers nous et nous transformer»[2]. Les disciplines sont des exercices ou des pratiques qui soutiennent notre évolution spirituelle et nous permettent de croitre en maturité et à l'image du Christ. Le discipulat est le processus par lequel nous apprenons le mode de vie chrétien jusqu'à ce que nous soyons transformés à l'image du Christ. Le besoin d'avoir l'esprit ouvert au travail de Dieu dans nos vies est encore plus flagrant pour notre jeunesse et d'une certaine façon encore plus nécessaire car si les jeunes s'adonnent à ces disciplines dès leur plus jeune âge ces dernières deviendront plus facilement des éléments clés de leur foi jusqu'à ce que les jeunes aient atteint leur maturité et plus encore. Observons cinq raisons pour lesquelles la jeunesse a besoin de pratiquer consciemment ces disciplines spirituelles.

> **Les disciplines sont des exercices ou des pratiques qui soutiennent notre évolution spirituelle et nous permettent de croitre en maturité et à l'image du Christ.**

Vivre sans péché et jouir d'une vie de sainteté

Le seul moyen de ne pas pécher est de vivre une vie de sainteté est de demander à Jésus d'être notre Sauveur et de faire en sorte que le Christ ait l'opportunité d'être formé en nous par le biais du discipulat. Les disciplines spirituelles nous appellent à participer à des pratiques qui ne se conforment pas toujours aux normes culturelles afin de permettre à cette formation d'advenir. Ces disciplines permettent aux jeunes qui partent généralement dans pleins de directions différentes de les ancrer en Christ et de les orienter vers toute chose se rapportant à Dieu.

Être en contact avec Dieu

Comme dans toute relation celle que nous entretenons avec Dieu a besoin de contact régulier et de moments directs de concertation qui devraient être pleins de partage sincère et d'écoute attentive. La vie spirituelle se construit par le biais de pratiques journalières et nous garde en contact avec une source inexhaustible de pouvoir et d'amour. Beaucoup de jeunes ont du mal à être perçus et aimés pour ce qu'ils sont. Apprendre à écouter Dieu et recevoir son amour inconditionnel est un contact transformateur et source de vie durant notre existence.

Connaitre la paix d'une relation restaurée

Le péché brise toute relation mais la grâce et le pouvoir du Christ nous ramènent à l'amour, à la paix et à l'espoir. Il est essentiel pour la jeunesse d'avoir des amis et de sentir que l'on fait partie d'une communauté. Les jeunes deviendront des êtres sains pour leur entourage au fur et à mesure qu'ils comprendront ce que cela signifie que d'être étroitement lié à Dieu.

Forger le caractère

Dieu forme et transforme nos vies et nos personnalités par le biais de disciplines spirituelles. Romains 12.2 nous appelle à ne pas se conformer aux modes de ce monde où se résigner à une vie médiocre mais d'être transformé par Dieu. Les jeunes passent par le moment difficile où ils doivent découvrir qui ils sont. Ils s'essayent à plusieurs personnalités et attitudes aussi souvent que l'on change de vêtements. Les disciplines spirituelles donnent aux jeunes l'opportunité de revenir à la personne que Dieu a créée et de permettre à leur caractère d'être forgé par Dieu.

D'être formé en tant que leader

Un leader spirituel est quelqu'un cherchant Dieu et dépendant de Dieu et de sa grâce plutôt que son propre charisme ou talent. Les jeunes devraient se sentir responsables de leur engagement à pratiquer ces diverses disciplines spirituelles lorsqu'ils sont invités à rejoindre le rang des leaders. Nous voulons que nos jeunes soient des leaders ayant une relation intime avec Jésus, qu'ils servent et fassent la louange parmi le peuple de Dieu, qu'ils prient constamment et vivent une vie intègre aux yeux de Dieu et de leurs semblables.

Le discipulat comme mentorat spirituel

Nous devons être pleinement conscients lorsque que nous nous préparons à aider nos jeunes à commencer ou à suivre plus fidèlement les disciplines spirituelles du rôle que nous tenons plus ou moins en tant que « mentor spirituel ». En tant que formateurs nous devons être prêts à offrir aux jeunes toutes nos connaissances et expériences du service ainsi que de les soutenir durant leur formation et évolution spirituelle. Voilà trois rappels de l'importance de notre rôle durant leur voyage.

Rester proche de leur réalité

Nous faisons face à une révolution technologique sans précédent dans l'histoire. Les téléphones portables, les tablettes et les ordinateurs ne sont plus simplement des accessoires que les jeunes ont avec eux mais sont plutôt devenus une partie intégrante de leurs corps. L'exposition excessive aux médias, l'utilisation d'internet et des réseaux sociaux ont grandement et globalement réduit le pouvoir de concentration des jeunes car tout est maintenant à portée d'un seul clic. Nos jeunes sont maintenant confrontés au péché pouvant faire basculer une vie dès leur plus jeune âge. La plupart ont également perdu l'intérêt qu'ils avaient pour la foi et ont renoncé à toute croyance en Dieu.

Que devrions-nous faire en tant que croyants cherchant à former la nouvelle génération de disciples ? Nous devons être proches de leur réalité. Nous devons leur parler et écouter leurs problèmes, leurs peurs et leurs tentations. Nous devons interférer le moins possible lors de ces conversations. Nous devons écouter, écouter, écouter. Il est tout aussi important de s'assurer que nous formons la vie d'un disciple de Jésus Christ lorsque nous nous arrêtons de parler.

Marcher avec eux

Nous devons être prêts alors que nous formons les jeunes au discipulat d'investir nos vies en eux et de leur offrir notre aide alors que nous marchons avec eux. Cela n'est pas facile. La responsabilité incombant du discipulat des jeunes est de les accompagner tout au long de leur chemin spirituel d'une absence de croyance à une foi profonde. Ces chemins spirituels passeront par beaucoup de hauts et de bas. La chose la plus importante à retenir, surtout dans les moments difficiles, est peut-être notre vocation de procurer à nos jeunes une vraie vie, une incarnation vivante de l'amour inconditionnel du Christ.

Se fier à Dieu pour la transformation qu'il opèrera dans leurs vies

Ce point est essentiel. Nous n'avons pas le pouvoir de changer la vie de quiconque. Nous écoutons les gens, marchons avec eux mais seul Dieu peut les transformer. Nos critiques et nos commentaires récurrents feront sans doute plus de mal que de bien. Priez régulièrement pour vos jeunes et confiez-les à Dieu. Priez pour que Dieu vous donne les mots justes au bon moment mais priez pour le Saint-Esprit agisse dans leurs cœurs et leurs vies.

Notre devoir en tant que leaders est de préparer « le terrain » où Dieu désire agir dans les vies de nos jeunes. Cela implique d'organiser des activités qui leur parle et qu'ils trouvent pertinents afin de les aider à s'impliquer dans le travail de l'église. Cela laisse aussi entendre que nous devons leur faire relever le défi de pratiquer les disciplines spirituelles afin qu'ils puissent évoluer et être transformés.

J'aimerais terminer ce passage par une anecdote. Je fis la rencontre d'un jeune homme il y a huit ans de cela qui n'avait pas vraiment fière allure de prime abord. Je ne pensais pas qu'il ferait un bon leader car je ne retrouvais pas en lui les qualités innées nécessaires à cette fonction. Son mode de vie n'était pas vraiment ce que nous pourrions appeler «chrétien», ce que son comportement confirma. Sa vie changea pourtant au fil du temps du fait qu'il se mit à pratiquer les disciplines spirituelles faisant partie du certificat du Ministère auprès de la Jeunesse de la région Méso-américaine. Sa vie changea même du tout au tout. Dieu transforma complètement sa vie et l'amena à devenir pasteur auprès de la jeunesse à son église locale puis de son district. Il est à présent pasteur principal d'une des églises de la région ayant le plus de jeunes et de membres actifs. Il guide maintenant les adolescents et jeunes en général par le biais de la grâce, bénissant les autres en partageant sa foi et les autres pratiques spirituelles.

> **Les disciplines spirituelles ne sont pas une fin en soi mais le moyen de nous aider à trouver le Christ et de vivre dans la grâce de Dieu au cœur d'une société indisciplinée, superficielle et indifférente à Dieu.**

Ces disciplines spirituelles sont essentielles si nous désirons que nos jeunes prennent l'appel de devenir des disciples du Christ au sérieux. Voyons comment Dieu peut nous utiliser afin de mener la jeunesse à connaitre la grâce de Dieu par le biais de ces pratiques.

Pratiquer les disciplines spirituelles

Les pratiques spirituelles sont aussi connues sous le nom de «moyens de grâce». Utiliser ces pratiques nous permet de rester en contact avec notre Créateur. Elles ne sont pas une fin en soi mais le moyen de nous aider à trouver le Christ et de vivre dans la grâce de Dieu au cœur d'une société indisciplinée, superficielle et indifférente à Dieu. Les disciplines spirituelles étaient essentielles pour John Wesley et les Méthodistes. Ils priaient constamment et jouissaient d'une vie ordonnée et disciplinées de sainteté qui leur donnait une identité et ils laissèrent derrière eux un héritage moral historique pour ceux parmi nous qui suivent leurs traditions et croyances. John Wesley parla ainsi des moyens de grâce dans l'un de ses sermons: «J'entends le terme de «moyens de grâce» comme étant des signes, des mots ou des actions ordonnées par Dieu et désignés comme tel, des voies ordinaires qu'il peut [nous] faire emprunter, la grâce prévenante, justifiant et sanctifiant»[3].

Réfléchissez à la façon dont vous pouvez délibérément incorporer ces pratiques dans vos assemblées de jeunes tandis que nous discutons des diverses disciplines spirituelles et par quel moyen vous pourriez également les incorporer dans votre propre vie et faire en sorte que vos jeunes fassent de même. Chaque segment se terminera par des idées permettant de mettre en place ces disci-plines. Je vous encourage à choisir plusieurs exemples et à planifier le moyen d'aider vos jeunes à développer ces disciplines.

Lire la Parole

L'Apôtre Paul (le mentor et formateur de Timothée) écrivit une lettre à ce dernier le conseillant de prendre plaisir à lire l'Écriture «Car toute l'Écriture est inspirée de Dieu et utile pour enseigner, réfuter, redresser et apprendre à mener une vie conforme à ce qui est juste. Ainsi, l'homme de Dieu se trouve parfaitement pré-paré et équipé pour accomplir toute œuvre bonne» (2 Timothée 3.16-17).

Même si nous utilisons la Bible régulièrement lors de nos assemblées de jeunes et les classes de l'école du dimanche nous devons garder en tête l'importance d'aider nos jeunes à comprendre tout l'histoire de Dieu et la façon dont Dieu agit dans notre monde. Nous devons nous demander si nos jeunes grandissent et sortent de notre ministère auprès de la jeunesse avec une simple connais-sance des «10 meilleurs passages de la Bible» mais ne réalisent pas forcé-ment comment toute la Bible se tisse dans la trame de l'histoire principale de l'amour de Dieu de la création. Avoir une bonne notion de l'histoire toute entière permet à nos jeunes de considérer la Bible comme bien plus qu'un texte de loi ou une série d'anecdotes. Être conscient de ce que Dieu a accompli précédem-ment dans le monde nous apprend à reconnaitre où il agit de nos jours et com-ment il nous appelle à Le rejoindre.

Nous devons donc aider nos jeunes à comprendre comment lire la Bible et la notion de discipline qui en découle. Permettre à la Parole de Dieu de nous mode-ler demande plus qu'une lecture rapide d'un verset ou deux avant de vaquer à nos occupations quotidiennes. Réserver du temps pour que nos jeunes puissent s'impliquer pleinement dans l'Écriture peut se faire de plusieurs façons:

1. **Lisez l'Écriture.** Veillez à ce que vos jeunes calment leurs cœurs et leurs esprits en amont de la lecture de la Bible. Invitez-les à prier à Dieu et de lui demander la sagesse de comprendre ce qu'ils sont sur le point de lire et comment mettre cette connaissance en pratique dans leurs vies.

2. **Méditez l'Écriture.** Faites en sorte que vos jeunes passent du temps à réfléchir, penser et trouver la leçon inhérente du passage qu'ils viennent de lire. L'Écriture doit être reçue, méditée et chérie dans nos cœurs afin qu'elle s'incarne et pénètre dans les confins les plus reculés de nos êtres.

3. **Vivez l'Écriture.** Demandez à vos jeunes d'explorer de quelle façon Dieu est peut-être en train de leur demander de vivre les leçons tirées du pas-sage qu'ils viennent de lire. Mettez-les au défi de planifier des actions spé-cifiques qu'ils devront entreprendre afin d'obéir à Dieu par rapport à ce passage.

4. **Partagez l'Écriture**. C'est sans doute l'aspect le plus inquiétant pour nos jeunes mais une fois que nous avons commencé à vivre l'Écriture nous sommes prêts à partager la Bonne Nouvelle avec d'autres personnes. Prévoyez du temps afin que vos jeunes puissent présenter une dévotion rapide ou enseigner l'une des classes de l'école du dimanche ou mener une étude de la Bible. Partager l'Écriture servira à enraciner encore plus dans leur cœur la vérité qu'ils y ont apprises.

Mettre cela en pratique :

- Formez de petits groupes qui se retrouveront durant la semaine et lisez ensemble l'Écriture.

- Encouragez les jeunes à utiliser des applis déjà sur le marché afin de maintenir un contact quotidien avec la Parole de Dieu.

- Faites en sorte de prévoir un moment où les jeunes pourront écrire dans un journal ce qu'ils ont entendus du passage de l'Écriture lu durant la semaine.

La prière

La prière est tout simplement une conversation avec Dieu. La prière pour John Wesley était un moyen de grâce car il croyait que Dieu Se matérialisait dans la prière puisque nous nous présentons devant Dieu lorsque nous prions et brisons la barrière du surnaturel. Dieu nous écoute et est parmi nous. Nous pouvons lire dans « L'Appel d'En-Haut » : « [La prière] est une relation continue, un dialogue constant avec le Père Céleste. La prière à ce niveau-là devient aussi naturel que de respirer »[4].

Bien des jeunes (et adultes) ont cependant du mal avec la prière collective et la prière personnelle. Il est important de ne pas ignorer leurs peurs et leurs difficultés mais de partager en toute liberté nos propres freins et les aider à aller de l'avant dans cet aspect de leur vie chrétienne. Nous voulons qu'ils soient amenés à réaliser combien la prière est une partie vitale de la vie chrétienne. C'est par la prière que nous rencontrons notre Seigneur que nous aimons et à qui nous faisons confiance. La prière entraine le changement, la transformation, la libération, la guérison, la sainteté et l'espoir.

Invitez les jeunes à mener les temps de prière lors d'assemblées de la jeunesse mais voyez cela avec eux d'abord et réconfortez-les s'ils se sentent anxieux. Dites-leur qu'il n'y a pas de souci s'ils désirent mettre leur prière sur papier. Prévoyez du temps afin que vos jeunes puissent prier silencieusement. Mettez aussi du temps de côté pour les prières d'intercession. Assurez-vous que vos assemblées de jeunes représentent un moment sécurisant où ils peuvent s'adonner à la pratique de la prière en toute tranquillité.

Mettre cela en pratique:

- Enseignez à la jeunesse qu'il y a plusieurs moyens de communiquer avec Dieu. Certains trouvent qu'il est facile de prier spontanément et avec éloquence tandis que d'autres arrivent mieux à s'exprimer par écrit.

- Rendez-vous dans les lieux où des besoins de prières individuelles ou communautaires sont affichés.

- Encouragez vos jeunes à se joindre à une prière à un moment précis, quel que soit l'endroit où ils se trouvent afin de renforcer leur sentiment d'unité.

- Enseignez-leur à témoigner en public lorsqu'ils reçoivent la réponse d'une prière adressée à Dieu.

La louange

La louange nous permet de recevoir la grâce et l'espoir de Dieu en étant en communion avec les autres croyants, unis dans la louange à Dieu avec nos cœurs, corps et âmes. Nous nous réjouissons lors de la louange et participons aux chants dédiés à Dieu, nous présentons des offrandes, nous prêchons la Parole et la Cène, nous profitons du temps passé en communauté à réciter des prières et à offrir des confessions. Nous devons nous assurer que le temps de louange soit pensé dans un sens plus large qu'une simple opportunité de chanter.

Le piège le plus commun que nous devons aider nos jeunes à éviter est le danger qui se présente en se consacrant à la louange de façon légère. La louange n'est pas un spectacle ni une représentation. Nous ne percevons pas la louange comme de simples spectateurs et faisons plutôt preuve de gratitude, nous participons et nous impliquons pleinement dans la louange. Ce n'est pas parce que nos jeunes chantent qu'ils font partie intégrante de la louange. Le disciplulat à travers la discipline spirituelle de la louange signifie que nous la pratiquons non seulement avec nos jeunes mais la leur enseignons également.

Nous devons réfléchir au moyen d'aider nos jeunes à s'impliquer pleinement dans la louange lorsque nous la préparons. Nous avons également besoin d'aider nos jeunes à considérer leur vie toute entière comme une louange à Dieu. La louange va au-delà du moment institutionnel de chant durant un culte d'église. Nos vies doivent être vécues comme un acte de louange à Dieu.

Mettre cela en pratique:

- Impliquez les jeunes gens dans la liturgie d'un culte de louange.

- Enseignez-leur et mettez-les au défi de prêcher, d'enseigner, de donner des offrandes et de faire la louange par le biais du chant.

- Prenez le temps de préparer la louange ensemble avant le culte.

- Mettez régulièrement vos jeunes au défi de considérer leur vie toute entière comme un acte de louange à Dieu.

Le jeûne

Jeûner est l'acte de renoncement de soi afin d'évoluer plus intimement vers Dieu et de grandir dans sa grâce. Le jeûne nous apprend à dépendre de Dieu plus que de la nourriture et à nous concentrer sur notre relation avec lui avant tout.

Le jeûne peut être pratiqué ensemble à l'église ou dans un moment de retraite avec nos jeunes mais ne devrait jamais être imposé et se doit de respecter les besoins physiques de la jeunesse. Le jeûne doit également être pratiqué d'une façon qui ne soit par manipulatrice de notre jeunesse ou de la volonté de Dieu. Lorsqu'il est bien fait ces moments de jeûne peuvent être source d'opportunités uniques afin que Dieu intervienne dans la vie de nos jeunes.

Le jeûne peut aller au-delà de la nourriture. Dans un monde si bruyant et superficiel encouragez vos jeunes à prendre du temps loin de la technologie et des réseaux sociaux. Ces distractions nous empêchent souvent d'être en communion avec Dieu. Beaucoup de jeunes dédient plusieurs heures par jour à communiquer avec leurs amis mais négligent leur communication et relation avec le Seigneur.

Mettre cela en pratique:

- Organisez un jeûne de groupe afin de vous offrir tous ensemble comme sacrifice vivant et saint.

- Enseignez aux jeunes la vraie raison de la discipline du jeûne.

- Choisissez des activités qui vous permettront de laisser les réseaux sociaux de côté et de passer du temps en tant que groupe en louange et prière à Dieu.

Le silence

Le silence est l'acte d'éviter la communication avec les autres et d'être au calme afin de pouvoir écouter Dieu et trouver sa volonté dans nos vies. Comme mentionné dans le segment précédent nous vivons dans un monde bruyant. La discipline du silence nous appelle à chercher un endroit où nous pouvons faire l'expérience de la solitude et du silence sans aucune de ces distractions et nous concentrer pleinement sur le fait d'être avec Dieu et de Le rechercher.

Soyons réalistes, cette discipline paraitra bizarre, gênante et même effrayante pour certains de nos jeunes. Mais c'est lorsque nous sommes seuls en présence de Dieu et méditant sur l'Écriture que celle-ci commence non seulement à nous influencer mais également à prendre racine dans nos vies, à nous rendre plus proche du Père d'une manière remarquable et d'ériger une demeure pour lui en nous.

Ma première expérience de la retraite silencieuse se fit il y a quelques années de cela. Cela fut très difficile au départ car étant quelqu'un plein d'énergie et de fougue et aimant parler avec entrain je trouvais cette retraite la chose la plus ennuyeuse et fastidieuse au monde. Me retirer tout seul dans une chambre était très frustrant au départ mais après une demi-heure je commençais à faire l'expérience de quelque chose d'extraordinaire qui changea ma vie et me fit alors pratiquer la discipline du silence de manière régulière.

Mettre cela en pratique :

- Organisez une retraite spirituelle où vous pourrez associer plusieurs disciplines spirituelles à pratiquer avec votre ministère auprès de la jeunesse.

- Donnez l'opportunité aux jeunes de profiter du silence en présence de Dieu.

- Encouragez-les à avoir des retraites personnelles afin de se ressourcer spirituellement.

- Rassemblez votre équipe de leaders au moins une fois par an afin d'organiser une retraite spirituelle et de rechercher Dieu.

La simplicité

Foster mentionne que «la simplicité nous offre l'opportunité d'être approvisionné par Dieu comme un cadeau qui n'est pas seulement pour nous et qui doit être partagé librement avec d'autres» 5. Nous devons aider nos jeunes à comprendre la discipline d'intendance que Dieu nous procure sans opulence ou légalisme et à tout simplement apprendre à rechercher le royaume et la justice de Dieu et faire confiance au fait que tout le reste suivra.

Vivre simplement signifie se contenter de peu ou d'apprécier le surplus que nous avons parfois. La simplicité nous appelle à vivre nos vies en recherchant l'opportunité de partager nos possessions, notre temps et nos habilités avec d'autres. Nous ne pouvons suivre ce mode de vie que si nous reconnaissons consciemment que tout ce que nous possédons vient de Dieu et que c'est lui qui nous procure ce dont nous avons besoin plutôt que nous-mêmes.

Il est particulièrement facile pour nos jeunes d'associer leur identité à des possessions et de dépendre de la technologie, de la mode et d'autres choses matérielles afin d'exprimer leur personnalité. Cette discipline nous permet de trouver pleinement notre identité uniquement en Christ.

Mettre cela en pratique :

- Organisez une des assemblées de jeunes avec la simplicité comme sujet.

- Offrez des opportunités pour vos jeunes de partager ce qu'ils ont avec d'autres.

- En tant que leader auprès de la jeunesse soyez un modèle d'humilité et de simplicité.

Le service

C'est en abandonnant nos vies à Dieu que nous commençons à passer d'un mode de vie égocentrique à un univers où nous mettons les autres en premier. Aimer Dieu signifie montrer de l'amour à nos prochains. Ce n'est que grâce à cela que nous pourrons faire la différence dans nos églises, nos communautés, nos écoles, nos universités et nos foyers. Dieu nous a donné des dons afin que nous puissions servir les autres et partager sa grâce.

Nous accomplissons l'objectif de Dieu lorsque nous servons ceux dans le besoin, un état de fait qui permis à Phinéas Bresee d'établir l'Église du Nazaréen : afin de répondre aux besoins des pauvres et des nécessiteux. Les premières églises de la dénomination étaient le témoignage vivant de cet objectif. La sainteté était également une question sociale pour John Wesley. Ce qui signifie que nous ne pouvons pas vivre notre piété en privé et seulement à l'intérieur de l'église. Nous devons sortir et représenter cette piété par le biais d'un service aux autres.

Nous devons mettre nos jeunes au défi lorsque nous les formons de rechercher quotidiennement des opportunités de servir et de leur faire comprendre que cette pratique n'est pas réservée aux jours de services organisés par l'église. Ces occasions sont importantes mais le service est un mode de vie qui nous apprend à donner sans rien attendre en retour et à servir avec de la joie en nos cœurs.

Mettre cela en pratique :

- Incitez vos jeunes à aider leurs parents et leurs frères et sœurs à la maison.

- Guidez-les afin qu'ils rendent visite, prient et fassent des actes de miséricorde pour les personnes âgées, les orphelins et ceux qui sont hospitalisés.

- Faites en sorte qu'ils servent différents ministères de l'église locale.

Tenir un journal

Tenir un journal n'est rien de nouveau et certains de nos jeunes font peut-être déjà cela. John Wesley tenait un journal et encourageait ses disciples à faire de même afin de garder une trace de leurs rencontres avec Dieu. Tenir un journal est un moyen puissant d'observer notre croissance en Christ. C'est quelque chose de simple mais qui est très important car c'est par ce biais que vous pouvez entrer en contact avec le Seigneur. Vous pouvez commencer par prendre de simples notes sur votre téléphone portable et de dédier un moment dans la journée afin d'écrire les bienfaits de Dieu et votre histoire personnelle.

Tenir un journal peut permettre d'avoir une réflexion approfondie et d'obtenir une réponse claire pour ceux qui n'ont pas forcément confiance en eux lorsqu'ils s'adressent à un groupe. Essayez d'incorporer des moments où les gens pourront tenir un journal décrivant ce qu'ils ont appris et ce que Dieu leur dit durant une leçon biblique ou à une assemblée de jeunes.

Mettre cela en pratique :

- Mettez vos jeunes au défi de tenir un journal intime où ils décrivent leurs expériences de tous les jours.

- Développez un recueil de versets et de réflexions afin de guider et d'aider les jeunes à mettre leurs expériences par écrit.

Voyager avec vos jeunes

Beaucoup d'auteurs s'accordent à dire que le discipulat associé aux disciplines spirituelles forment un voyage de formation spirituelle. Nous devons cependant être accompagné lorsque nous entreprenons cette merveilleuse aventure ; voyager avec des compagnons qui nous aideront et que nous pourrons aider à notre tour. Nous ne pouvons pas seulement mettre nos jeunes au défi d'adopter ces disciplines, nous devons également les suivre dans nos propres vies.

Les disciplines en elle-même ne sont pas l'élément le plus important du voyage car elles ne sont que l'intermédiaire par lequel passe la grâce de Dieu. L'élément le plus important de ce voyage est Dieu. Dieu est la raison pour laquelle nous adoptons ces disciplines, les incarnons, les enseignons aux nouvelles générations de jeunes gens. Si vous décidez d'entreprendre ce voyage alors vous et vos jeunes serez libérés, fidèles et deviendrez des enfants désireux de Dieu qui sont prêts pour tout bon labeur.

CHAPITRE 4

Le groupe de discipulat: Découvrir les avantages des communautés formatrices

Nabil Habiby

Nabil Habiby est un leader auprès de la jeunesse servant à Beyrouth au Liban. Il est passionné par le ministère auprès de la jeunesse car il peut observer les jeunes au début de leur long voyage de découverte et d'implication avec Dieu. Nabil pense que le discipulat est important car sans lui tous nos programmes, nos discussions, nos jeux et nos camps de jeunes sont presque inutiles.

«Plus tard, il monta sur une colline avoisinante et appela ceux qu'il voulait, et ils vinrent à lui. Il désigna ainsi douze hommes [qu'il nomma apôtres] et qui devaient être constamment avec lui» (Marc 3.13-14)

Définir nos termes et tracer le chemin

Que voulons-nous dire par «groupe de discipulat»?

Nous allons étudier dans ce chapitre comment faire du discipulat parmi la jeunesse au sein d'un groupe. Mais il est avant tout important de définir le terme «groupe de discipulat». Précisons d'abord que ce terme implique un nombre de personnes défini. Ce nombre peut être plus ou moins grand mais c'est un nombre stable. Précisons ensuite que ce groupe de discipulat au nombre défini se rencontre régulièrement. Ici aussi ce groupe peut se rencontrer une fois tous les trois jours ou tous les trois mois mais leurs réunions sont régulières. Précisons enfin que les gens de ce groupe de discipulat au nombre défini et se rencontrant régulièrement se donnent rendez-vous dans un lieu ou zone géographique précis. Cela peut être dans une église, une autre fois dans un café du coin ou bien dans la maison de quelqu'un du moment que tous ces endroits sont situés dans la même zone géographique. Nous parlerons ainsi du groupe de discipulat comme un nombre défini de gens se rencontrant de manière régulière et toujours au même endroit.

Pourquoi former des groupes?

Pourquoi est-ce important de former des groupes, qu'ils soient petits ou grands? Avant toute chose Jésus lui-même forma un groupe de douze disciples. L'intimité dont il fit l'expérience fut sans doute spécifique à chaque membre de ce groupe mais ce groupe se composait en tout cas de douze personnes. La nature humaine est ensuite constamment à la recherche de communauté; d'un sentiment profond de communion avec les autres. Le groupe de discipulat permet aussi d'apprendre, un élément clé du discipulat, de façon innovatrice. Notre foi chrétienne est enfin par définition une relation aimante avec un

Dieu Trinitaire – un Dieu qui est une relation aimante de trois personnes – et qui partage cet amour entre ces trois personnes. Le groupe de discipulat permet à un individu d'apprendre et de vivre sa foi chrétienne de façon créative et pragmatique.

Que faire alors ?

Comment faire alors pour explorer ce discipulat de groupe ? Cela dépend de sa taille. C'est pourquoi nous allons d'abord discuter de groupes de deux pour ensuite passer aux groupes de petites tailles avant de discuter d'un groupe représentant une église tout entière. Chaque partie donnera des instructions sur la façon de former de tels groupes, des conseils afin que le discipulat soit naturel au sein du groupe, des avertissements sur les pièges potentiels, une liste d'avantages associés au nombre de personnes de ce groupe pour finir par quelques questions de réflexion. Les réflexions qui vont suivre sont le résultat de dix ans d'expérience personnelle au sein de l'église, d'une organisation non-gouvernementale et de ministère scolaire avec les jeunes. Je prie pour que mes humbles suggestions soient le catalyseur entrainant un plus grand intérêt et une implication plus prononcée pour le discipulat. Mais laissons là cette introduction et allons-y !

Première partie : l'amitié précieuse – les groupes de deux

Comment se forment-ils ?

Commençons par le groupe le plus basique, celui simplement composé de deux personnes. Comment ce groupe peut-il se former ? La première chose qui me vient à l'esprit est : « comment vais-je pouvoir choisir avec qui forger une profonde amitié ? ». Vous avez peut-être 10 ou 100 personnes dans votre groupe de jeunes mais il serait presque impossible de forger un groupe de discipulat de deux avec chacun d'entre eux. Voilà quelques conseils pour vous aider à choisir.

Cela peut d'abord se faire naturellement. Parfois les circonstances (ou la main de Dieu peut-être ?) font en sorte que certaines personnes viennent à vous directement. C'est peut-être ce jeune que vous devez raccompagner chez lui pendant 30 minutes après chaque réunion. Ou peut-être l'adolescent vivant dans le quartier. C'est peut-être cette jeune femme que vous voyez toutes les semaines au centre commercial. L'important est de garder un cœur ouvert (et du temps) pour les adolescents que Dieu semble vraiment vous demander de devenir leur mentor personnel. Je me souviens d'un moment où je priais pour obtenir le discernement nécessaire au choix d'un nouveau disciple à former en tête à tête et comme par hasard un des adolescents qui se rendait à l'école où je travaillais vint me voir la semaine d'après et me dit « J'aimerais vous rencontrer une fois par mois ». Oui bon d'accord Dieu, je comprends. Les choses ne seront sans doute pas si directes mais restons attentifs.

Laissez ensuite faire les atomes crochus. Il est très probable qu'un adolescent qui ne vous aime pas beaucoup ne sera pas très content de vous avoir pour mentor. Avec un peu de chance vous avez 5 leaders par groupe de 30 adolescents. Avec qui êtes-vous le plus proche dans ce groupe de 30 ? Avec qui partagez-vous des atomes crochus ? Qui semble toujours se retrouver à vos côtés ? Ou bien quel est l'adolescent qui est toujours tout seul et ne semble pas s'entendre avec qui que ce soit ? Dans les deux cas, lorsque quelqu'un est proche de vous ou lorsqu'un jeune a besoin d'un ami vous devriez sans doute intervenir et établir une relation de discipulat personnelle avec cette personne.

Comment apparait le discipulat ?

Vous forgez une amitié avec un jeune. Génial. Et maintenant ? Comment faire pour que le discipulat se mette en place ? Permettez-moi de vous dire que j'attends encore d'avoir une bonne expérience avec un programme «défini» de discipulat quand celui-ci est fait dans un groupe de deux. Vous pouvez bénéficier d'un programme excellent ou votre expérience peut être différente de la mienne. Super, utilisez cela. Mais je préfèrerais que le discipulat dans un groupe de deux advienne des trois façons suivantes.

Les disciplines spirituelles ne sont pas une fin en soi mais le moyen de nous aider à trouver le Christ et de vivre dans la grâce de Dieu au cœur d'une société indisciplinée, superficielle et indifférente à Dieu.

Le discipulat peut d'abord se faire au cours de simples discussions informelles. Une conversation lors d'un repas peut commencer par des questions sur l'école ou bien parler du beau temps pour finir par de l'éducation sexuelle ou une explication de la Bible. Certaines des meilleures conversations que j'ai eu avec un adolescent se sont déroulées lorsque je le raccompagnais chez lui après avoir partagé un repas ou que nous avions fait une promenade ensemble. Je me suis retrouvé à parler de premiers amours, de masturbation, de la différence entre la Bible et le Coran et plein d'autres sujets difficiles après que la conversation «informelle» ait été épuisée. C'est lorsqu'une relation de mentorat se forge que l'adolescent que vous voyez régulièrement commence alors à aborder sans attendre des sujets spirituels intéressants.

Il se peut ensuite qu'au fur et à mesure que vous renforcez cette amitié par le biais de discussion informelles vous receviez des appels «d'urgence» afin de lui venir en aide sur plusieurs sujets. Votre adolescent ne vous appellera pas forcément pour de vrai mais c'est dans ces moments d'urgence que vous aurez l'opportunité de tisser des liens encore plus forts avec votre jeune disciple. Le fait que cette jeune femme vous ait appelé en premier lorsque son père l'a jeté dehors est une grande preuve de confiance. Je ne dis absolument pas que vous devriez provoquer une crise afin de venir en aide à un jeune et d'être à l'écoute mais au fil de votre relation avec ce jeune soyez toujours prêt à intervenir et à soutenir cette personne lorsque cela devient nécessaire.

Tenir des discussions informelles et aider durant les moments de crise sont des éléments essentiels du discipulat mais j'ai également trouvé que permettre à votre jeune disciple de vous suivre ouvre la voie à de nouveaux échelons de croissance spirituelle et sociale. Invitez-le à se joindre à vous pour la visite d'un foyer, pour distribuer des paquets de nourriture à ceux dans le besoin, pour préparer votre ordre de louange du dimanche ou pour nettoyer le sous-sol de votre église. Laissez ce jeune devenir un membre actif du royaume de Dieu (même s'il ne comprend pas encore ce qu'est le Royaume). J'avais tissé des liens particulièrement forts avec un jeune homme qui était étudiant à l'école. Il sortit diplômé de notre collège mais continuait à se rendre à mon bureau toutes les 2 ou 3 semaines afin de discuter de théologie et de la vie en général. Je fis en sorte qu'il m'accompagne dans les visites que je faisais dans des foyers de familles réfugiées aux alentours de l'église. Ces moments précieux renforcèrent notre relation et nous nous mimes à discuter ce que représente la vie chrétienne de façon pragmatique. Ce jeune homme a maintenant décidé de devenir un membre du clergé d'une église traditionnelle et j'attends avec impatience de le voir pratiquer son ministère parmi les gens de Beyrouth en tant que prêtre.

Faire partie de la vie d'un jeune, que ce soit par le biais d'un programme officiel, de discussions informelles, durant les moments d'urgence ou lors du ministère de tous les jours, l'aideront avec un peu de chance et vous aidera aussi à devenir tous deux plus à l'image du Christ. Voilà pourtant quelques avertissements à garder en tête.

Quels sont les obstacles rencontrés par un groupe de discipulat de deux personnes ?

Être proche d'un adolescent dans une dynamique de discipulat de groupe n'est pas sans obstacles. Vous devez d'abord considérer la façon dont les autres jeunes perçoivent cette relation. Seront-ils envieux ? Auront-ils l'impression que vous accordez à ce jeune un traitement préférentiel ? Au Liban vous invitez généralement tous vos amis à votre mariage. Je pris la décision de n'inviter aucun étudiant de l'école à mon propre mariage. Mais j'invitais tout de même quelques jeunes diplômés de l'école avec qui j'entretenais une relation de discipulat. J'appris quelque mois plus tard que certains jeunes de l'école étaient mécontents car ils n'avaient pas été à mon mariage. C'est en devenant proche d'un adolescent qu'un autre observe sans doute avec rancœur alors que Joseph reçoit son habit de couleur. Il est important afin d'éviter ceci de travailler avec les autres leaders auprès de la jeunesse ou les adultes de votre église et de les encourager à devenir des mentors pour les jeunes pour de vrai. Faites votre possible pour que tous les jeunes aient des leaders entretenant avec eux une même relation de discipulat.

Je tiens également à vous prévenir, et j'affirme cela avec une grande conviction, que ce n'est pas une bonne idée d'avoir une relation de discipulat entre un homme et une femme. Cela tournera invariablement au désastre. Pourquoi ?

Parce que passer du temps avec une personne du sexe opposé, surtout si cette personne est un(e) adolescent(e) engendre généralement une attitude non appropriée. Même si la personne est du même sexe que vous soyez vigilant à ce qu'une relation malsaine ne se développe pas, une relation où votre jeune s'attends à ce que vous résolviez tous ses problèmes, basée sur une idolâtrie qui vous représentera comme étant parfait, ou qui pourra provoquer un syndrome de substitution où vous prenez graduellement la place de sa famille ou de ses amis. Mais n'ayez crainte, ces groupes de discipulat de deux offrent également de grands avantages.

Quels sont les avantages d'un groupe de discipulat de deux personnes ?

Le premier avantage est que ce discipulat de groupe de deux personnes vous permet d'aller au-delà du premier échelon du ministère chrétien où vous proclamez ou partagez simplement des vérités du Royaume avec un adolescent. Au fur et à mesure que vos liens se renforcent vous pourrez discuter, partager et être mis à l'épreuve par le Royaume de façon nouvelle et inattendue. Les conversations changent lorsque la confiance s'installe pleinement ; un changement pour la vie peut alors advenir et cela arrive en effet.

Un autre avantage est que ces amitiés proches perdurent bien après les années d'adolescence. Les yeux de ma femme s'illuminent encore chaque fois qu'elle voit son adolescent servir de mentor. C'est lorsque votre jeune disciple atteint l'âge adulte que votre amitié deviendra peut-être encore plus forte. Même s'il n'y a plus aucune communication entre vous, vous serez surpris un soir de recevoir un appel de votre ancien disciple vous demandant des conseils, désirant vous revoir ou voulant simplement vous passer le bonjour.

Un groupe de discipulat de deux personnes est quelque chose de magnifique. La vie chrétienne n'est-elle donc pas essentiellement la marche partagée de deux personnes, du Christ avec chacun de nous ? Nous marchons en effet en tant que groupe de croyants uni mais marcher à l'unisson avec quelqu'un de façon affectueuse signifie marcher aux côtés du Christ. Quelle est alors la définition d'un groupe de discipulat de deux personnes ? C'est un défi, une invitation d'être Christ marchant avec un adolescent et de voir le Christ dans l'adolescent avec qui vous marchez. Découvrez ensemble le Royaume !

Deuxième partie – le caractère familier de la communauté : les petits groupes (3 à 12 personnes)

Comment se forment-ils ?

Observons maintenant ce que nous connaissons le mieux, à savoir les petits groupes. Comment se forment-ils ? D'après mon expérience ils se forment de deux façons distinctes : une activité commune ou une caractéristique partagée. Vous pourriez par exemple découvrir qu'un certain nombre de gens faisant partie de votre groupe de jeunesse ont un intérêt commun. Je me souviens d'un ami qui me fit connaitre il y a un certain temps un jeu intitulé «Catan» (non, je ne suis pas payé pour faire leur publicité). Nos jeunes devinrent très vite obnubilés par ce jeu. Nous nous rencontrions toutes les deux semaines afin de jouer à Catan. Et comme cela, d'un seul coup, un groupe se forma. Ce n'était pas encore un groupe de discipulat officiel mais lorsque cela fait un moment que vous travaillez avec les adolescents vous réalisez combien il est rare qu'un petit groupe prenne le temps de se rencontrer semaine après semaine. Ce groupe pourrait très facilement devenir un groupe de discipulat inspiré par Catan. Je vous donne un autre exemple de trois adolescents qui aiment manger (et qui n'aime pas manger?). Nous prîmes la décision il y a un an de nous rendre dans un nouveau restaurant tous les mois. Nos discussions lors de ce repas nous ont amenés à partager pleins de réflexions sur la vie y compris ce que cela signifie de suivre Dieu de nos jours. Un dernier exemple est celui d'un groupe de disci-pulat basé sur le théâtre que ma femme organisa avec un groupe de dix adoles-cents. Ils aimaient tous la scène et désiraient tous découvrir la Bible.

Le groupe peut également se former par une caractéristique commune. Ils sont peut-être tous du même âge, vivent dans le même quartier ou ont tous une autre caractéristique en commun. Ils sont naturellement confortables les uns avec les autres. Réalisez toutefois que ces petits groupes devraient sortir les participants de leur zone de confort et les faire questionner leur perception du «nous» et «d'eux». Vous serez cependant sans doute amenés à découvrir un groupe s'étant déjà formé naturellement par le biais d'intérêts ou d'attributs communs sans que vous n'ayez aucun effort à fournir.

Permettez-moi de réitérer néanmoins que la formation d'un groupe de disci-pulat officiel doit se faire à l'initiative du leader. Comme nous l'avons vu pré-cédemment il se peut qu'un groupe se forme naturellement mais le leader doit intervenir s'il désire que ces personnes fassent partie d'un groupe de discipulat officiel. J'ai toujours trouvé que se donner rendez-vous à des intervalles régu-liers montre le sérieux d'un groupe et aide le leader à former ces disciples de manière efficace.

Comment apparait le discipulat?

Vous formez un petit groupe dédié au discipulat mais contrairement au groupe de discipulat de deux cela ne mènera à rien de simplement converser de manière informelle ou d'être là durant les moments difficiles. Je ne veux pas dire que vous devriez considérer votre groupe comme une classe rigide mais établir une routine saine et une vraie structure portera ses fruits quant au discipu-lat. Je conseille même fortement au leader d'utiliser un programme spécifique (que vous aurez acquis ou créé vous-même) ou du moins de choisir un sujet à aborder à chaque réunion. Vous voudriez peut-être discuter dans un endroit confortable en vous reportant de temps en temps à la Bible pour ensuite en venir au sujet choisi. Je commence généralement par un temps de question-ré-ponse une fois sur quatre ce qui permet de sortir un peu de la routine et donne l'opportunité aux jeunes de s'exprimer librement. Lorsqu'un adolescent me pose une question qui m'interpelle je peux adroitement lui demander de « noter cette question afin de la poser lors de notre prochaine session de question-réponse ». Permettez-moi d'ajouter qu'il est essentiel d'explorer ensemble un passage de la Bible à chaque réunion. Cela peut se faire par le biais du théâtre, de discussions, de vidéos ou tout autre forme créative mais les jeunes devraient se familiariser avec la Bible pour au moins la simple raison qu'ils seront un jour amenés à quitter ce groupe. S'ils ne savent pas comment lire la Bible (ou prendre plaisir à lire la Bible) alors vos efforts auront été en vain !

Les discussions informelles sont importantes dans le discipulat. Celles-ci adviennent souvent juste avant qu'une réunion commence, lorsque vous attendez encore quelqu'un, que vous ramenez des jeunes chez eux ou que vous discutez sur les réseaux sociaux. C'est dans ces moments à la périphérie du temps imparti au discipulat officiel que les discussions vous aideront à aller plus en avant avec votre petit groupe. Je sais avoir mentionné un peu plus haut que vous devriez reléguer les questions hors sujet pour la session de question-réponse mais il est parfois préférable de suivre une pensée jusqu'au bout même si vous n'aurez peut-être pas le temps d'aborder tout ce que vous aviez prévu pour votre réunion. Si le ministère dans le groupe de discipulat de deux personnes n'est qu'optionnel il se révèle presque obligatoire dans un petit groupe composé de 3 à 12 adolescents pleins d'énergie qui sont en train d'apprendre ce que cela signifie que de faire partie du royaume de Dieu. Eh bien, flash info, mais le Royaume ne se définit pas par le fait de rester assis autour d'une table et de lire la Bible. Je connais un petit groupe qui se rend tous les deux mois à une association caritative locale afin de préparer des paquets de nourriture. Notre programme local pour enfants est organisé par quelques « adultes » et un groupe d'adolescents qui sont en train d'être formé en tant que disciples. Le comité qui m'aide à diriger le ministère auprès de la jeunesse à mon église locale est divisé en nombre égal de leaders adultes et de d'adolescents bénéficiant de discipulat. Les opportunités sont infinies. C'est vraiment dommage lorsqu'une église ou une communauté ne s'investit pas dans ses petits groupes volontaires afin d'accomplir le travail du Royaume. Mais tout ne se passe pas toujours facilement et les petits groupes rencontrent bien souvent des obstacles.

Quels sont les obstacles rencontrés par les petits groupes ?

Les introvertis qui sont à leur aise dans les groupes de discipulat de deux seront d'abord ceux qui hésitent à prendre la parole dans un petit groupe. Cela se voit plus nettement dans les groupes de plus de six personnes. Soyez vigilants lorsque vous dirigez un groupe que celui-ci ne devienne par un groupe de huit participants et de quatre spectateurs. Il est donc essentiel d'aborder le passage de la Bible choisi pour votre réunion de manière créative et de faire des choses ensemble pour le ministère afin que les introvertis aient l'opportunité de se sentir inclus et de participer.

Un autre obstacle rencontré par les petits groupes est lorsque le choix se présente d'accepter ou de refuser des membres. Demandez-vous aux retardataires (plus de 15 minutes) d'attendre dehors afin de ne pas interrompre la discussion ou est-ce que vous leur permettrez de se joindre à vous ? Que faites-vous des adolescents qui ne viennent pas à toutes les réunions ? Et du point de vue spirituel ? Est-ce que vous choisissez soigneusement vos participants un à un ou est-ce que vous acceptez n'importe qui désirant participer à une réunion ? Tous ces choix ont des avantages et des inconvénients. Je n'ai pas de réponse facile comme d'autres probablement. Ce que je peux vous dire néanmoins c'est que vous devez faire en sorte que tous ceux participant au groupe soient formés dans le discipulat. Tout comme dans les groupes de deux certains jeunes se sentiront «rejetés» et pourraient même nourrir de la rancœur envers ceux faisant partie du groupe de discipulat. Soyez vigilants de ne pas créer une mentalité de hiérarchie où les participants d'un groupe donnent l'impression d'être plus pieux ou supérieurs aux «gens ordinaires» se rendant aux assemblées de jeunes.

Il y non seulement un risque de non-participation de la part de certains membres et le danger de formation de groupes exclusifs mais il se peut également que les petits groupes se détériorent rapidement lorsque deux de leurs membres se mettent à se disputer. Les six garçons constituant l'un des groupes de discipulat que je connais furent particulièrement proches pendant deux ans jusqu'à ce que deux d'entre eux se disputent fortement. L'un des deux quitta le groupe, les autres prirent parti et le groupe de discipulat qui était tellement soudé commença à s'effilocher. Je ne pense pas qu'il soit possible d'éviter ce genre de situations. Cela fait tout simplement partie de la vie. Vous pouvez cependant être pro-actif en tant que leader en intervenant rapidement afin de faciliter une réconciliation ou peut-être, dans les cas extrêmes, demander aux deux personnes de s'écarter du groupe. Après tout si nous n'apprenons pas à résoudre les conflits calmement au sein d'un groupe de discipulat dans un contexte ecclésiastique alors où pourrons-nous faire cela ?

Un dernier piège qui peut se présenter est que le petit groupe de discipulat devienne une copie conforme du culte du dimanche. Vous ne devriez pas passer 30 minutes à donner un «sermon» à votre groupe de discipulat. Considérez plutôt votre petit groupe de discipulat comme une étude de la Bible pour les jeunes. Vous vous rencontrez afin d'explorer la Bible, de parler du Royaume et de sortir ensuite et d'être le Royaume. Le culte du dimanche est merveilleux mais il ne représente pas un discipulat de petit groupe.

Faites donc attention aux introvertis isolés, au choix de rejeter ou d'accepter tel ou tel membre, aux conflits au sein de votre groupe et à la conformité au culte du dimanche habituel. Mais finissons-en avec les avertissements et voyons donc quels sont les avantages.

Quels sont les avantages d'un petit groupe de discipulat ?

Les discussions sérieuses peuvent tout d'abord exister et existent parfaitement au sein de groupes. Il est possible que vous soyez en contact avec des adolescents pendant cinq ans et n'ayez jamais de discussion sérieuse avec eux. Mais vous passez du temps avec eux dans un petit groupe de discipulat à l'environnement structuré et vous voilà bientôt en train de discuter de la sanctification tout entière du réveil Wesleyen ! Les discussions sérieuses adviendront naturellement si vous êtes réellement impliqués dans le partage de la Bible de façon créative.

Un autre avantage découlant des petits groupes est que des amitiés se tissent. Vous découvrirez peut-être que les groupes aimeront se voir rapidement en dehors du calendrier du discipulat. Les amitiés créées au sein de ce petit groupe peuvent durer toute une vie.

Les discussions sérieuses adviendront naturellement si vous êtes réellement impliqués dans le partage de la Bible de façon créative.

Réjouissez-vous enfin du fait que le petit groupe de discipulat représente ce qu'était l'église primaire au départ. Les spécialistes de la Bible s'accordent à dire que l'église primaire dans les temps romains n'était probablement qu'une sorte «d'église de maison». Des petits groupes s'y rendaient afin de lire les Écritures, de communiquer les enseignements des apôtres et de partager ensemble un repas de communion. Ces groupes se soutenaient aussi mutuellement comme l'indiquent les premiers chapitres des Actes où les riches partageaient ce qu'ils avaient avec les pauvres. Réjouissez-vous donc lorsque vous vous réunissez avec votre petit groupe d'adolescents afin de discuter de la parole de Dieu et de vivre le Royaume car vous faites renaitre un mode de vie ancien. L'église primaire transforma des continents entiers. Qui sait ce que votre groupe accomplira !

Troisième partie – le rassemblement joyeux : le groupe d'église (13 à 50 personnes)

Comment se forment-ils ?

Certains lecteurs rejetteront peut-être la notion qu'un groupe tout entier de jeunes de l'église puisse être considérés comme un groupe de discipulat. Je leur répondrais par cette question : le discipulat advient-il durant les «grandes» réunions habituelles ? Je pense que oui. Mais avant d'expliquer comment cela advient parlons de la formation de ce groupe d'église. Il y a une myriade de ressources sur internet et par écrit sur la façon de créer une assemblée de jeunes. Je tiens à dire rapidement qu'un groupe d'église se forme en invitant des adolescents à en faire partie, lorsque les fidèles de l'église y amènent leurs propres enfants et lorsque l'heure choisie pour les réunions de ce groupe sont respectées. Ce dernier point est essentiel car un adolescent se déplaçant spécialement pour se retrouver finalement devant une église fermée ne viendra sans doute plus jamais. Cette introduction rapide va devoir suffire et je vais donc passer directement à la question du grand groupe de discipulat.

Comment apparait le discipulat ?

Le discipulat apparait d'abord de manière traditionnelle en écoutant un sermon ou en étudiant la Bible, durant la prière ou la louange. Si le message est pertinent et excitant pour la jeunesse, si le temps de la louange est utilisé fidèlement et de manière créative alors oui, tous ces aspects de l'assemblée généralement considérés comme «ennuyeux» peuvent se transformer en moments de discipulat où la jeunesse peut réaliser quelque chose de nouveau, peut faire des décisions qui dureront toute une vie et renforcer son amour pour Jésus.

Comme pour les deux autres groupes le discipulat apparait également durant les moments informels de l'assemblée. C'est souvent le cas au début ou à la fin de la réunion lorsque les gens discutent (généralement autour d'un repas), lors d'un jeu et lorsque les leaders conduisent les jeunes à l'église ou les raccompagnent chez eux. Comme nous l'avons indiqué précédemment ces moments sont les pierres fondatrices de la formation d'un groupe de deux ou d'un petit groupe de discipulat. Tenir une assemblée absolument parfaite du point de vue du contenu (comprenez : excitant et intéressant) mais ne pas prendre le temps de discuter avec les jeunes avant ou après est presque totalement inutile ! Je vous en prie, ne passez pas chaque minute du programme à être occupé à la préparation de jeux. Envoyez quelques leaders parmi la foule de jeunes afin de leur parler. L'encas n'est pas le moment où les leaders devraient se retrouver à part afin d'échanger des anecdotes marrantes sur leur semaine. Ce temps est précieux afin qu'apparaisse un mini-discipulat : où des liens forts sont renforcés, où est prodigué de l'affection et où la vie peut advenir. Ces moments de mini-discipulat peuvent même devenir les moments les plus importants de tous !

Enfin, et vous devez vous attendre à cela au point où nous en sommes, le groupe d'église de discipulat apparait lorsque nous faisons le ministère ensemble. Je me souviens d'une année où nous amenâmes nos jeunes, en partenariat avec La Jeunesse Libanaise pour le Christ, sous le pont dans les bidonvilles de Beyrouth à Noel. Nous nous dispersâmes en plusieurs groupes afin de parler de l'histoire de Noel. Certains de nos adolescents bénévoles ne connaissaient même pas cette histoire ! Ce fut un temps merveilleux partagé entre adultes et enfants de la région. Tous ceux qui s'étaient impliqués sortirent de cet endroit avec une compréhension plus poussée du Royaume. Nous nous rendîmes une autre année à une organisation non gouvernementale locale prenant soin des enfants vivant dans la rue, leur donnant à manger et leur faisant bénéficier d'un programme spécifique. De nouveau, certains jeunes n'étaient pas entièrement impliqués dans leur relation avec Dieu mais ils se joignirent à nous et furent directement témoins de ce que cela signifie d'être la main de Dieu dans ce monde.

Certains jeunes ne feront jamais partie d'un petit groupe de discipulat ou d'un groupe de deux. Certains jeunes seront perdus dans leurs pensées à chaque discussion! Voilà pourquoi il est important de faire le ministère ou de passer des moments informels ensemble car ils ne seront peut-être que le seul aperçu de ce que cela signifie de vivre pour et avec Jésus!

Quels sont les obstacles rencontrés par les groupes d'église?

Deux obstacles majeurs sont présents dans les grands groupes de discipulat. Les assemblées de la jeunesse à l'église peuvent premièrement devenir un peu routinier au bout d'un moment. Ne pensez pas que je sois contre une routine en elle-même. Je mange un petit-déjeuner tous les matins et c'est une très bonne routine! Mais j'essaie tout de même de varier un peu mes choix culinaires afin que cette routine reste toujours aussi agréable.

Posez-vous cette question lorsque vous vous préparez à tenir une assemblée de jeunes: Quelles choses nouvelles se dérouleront lors de cette réunion qui permettront aux jeunes de réaliser la réalité de Dieu et du Royaume de Dieu? Vous ne changerez peut-être pas la routine de donner un sermon mais changez peut-être la manière dont le message est transmis. Gardez le temps de retrouvailles informelles avant la réunion mais affichez éventuellement des versets difficiles sur les murs de la salle. Les opportunités sont infinies!

Le deuxième obstacle qui apparait souvent et de façon plus prononcée que dans les petits groupes de discipulat est le fait que bien des jeunes deviennent spectateurs lors d'une assemblée d'église. Le discipulat et l'expérience de Dieu apparaissent rarement lorsque quelqu'un est simplement assis là plutôt que de participer. Faites de nouveau en sorte de structurer vos rencontres afin que chaque adolescent puisse avoir l'opportunité s'il le désire d'être impliqué et d'en apprendre plus sur le Royaume.

Quels sont les avantages d'un groupe d'église?

Contrairement à la liste finale d'obstacles énoncés ci-dessus, les jeunes nouveaux-venus ou qui veulent simplement savoir de quoi il est question peuvent rester dans leurs coins. Les groupes de deux ou les petits groupes n'ont pas cette opportunité. Certains adolescents ne sont pas encore totalement convaincus par cette notion de Jésus ou bien ils ne veulent pas nécessairement participer avec les autres. Les groupes d'églises leur permet de se sentir à l'aise.

Le groupe entier de jeunes d'une église nous donne une idée de l'église dans un contexte beaucoup plus large : un groupe énergique de personnes de tous horizons s'unissant autour de la personne de Jésus !

Nous savons tous aussi que plus il y a de monde et plus la fête est belle. Désirez-vous organiser une fête de Noel? Voulez-vous vous impliquer dans un grand ministère? Les groupes d'églises vous donne l'opportunité de voir les choses en grand! Rassembler 40 adolescents débordant de vie dans une même pièce donnera du piquant à toute activité.

Les groupes d'églises préparent également les jeunes à leur vie «d'adulte» au sein de l'église. S'ils sont capables dès à présent de se tenir tranquille durant le chant ou lors de discussions alors ils verront la pertinence d'un culte du dimanche matin. S'ils apprennent dès maintenant ce que cela signifie que de faire partie d'une église ils s'adapteront alors plus facilement au corps du Christ plus grand et plus difficile de leur église locale.

Enfin puisque les assemblées de jeunes se passent généralement à l'église l'adolescent commencera à développer un sentiment d'appartenance à cet endroit. Au contraire d'un discipulat de seulement deux personnes permettant de tisser des liens forts avec le leader du groupe, le lien que l'adolescent tisse se fait directement avec le lieu de l'assemblée. Si les groupes de discipulat de deux personnes nous montrent comment marcher aux côtés du Christ et si les petits groupes de discipulat nous procurent un soutien moral alors le groupe entier de jeunes d'une église nous donne une idée de l'église dans un contexte beaucoup plus large: un groupe énergique de personnes de tous horizons s'unissant autour de la personne de Jésus!

Conclusion

Laissez-moi vous donner quelques exemples des obstacles auxquels nous devons faire face d'après moi en tant que leaders auprès de la jeunesse de nos jours.

Nous vivons dans un monde où l'individualité est exponentielle. Comment nos groupes de discipulat peuvent-ils promouvoir la notion de communauté dans une ère où je peux rentrer en «contact» avec tout le monde rien qu'en utilisant mon téléphone portable?

Nous vivons dans une ère de performance. Le plus important sur les réseaux sociaux est maintenant une question de ce que j'ai accompli et comment j'y suis parvenu. Comment nos groupes de discipulat peuvent-ils tisser des liens forts – et faire en sorte que chaque individu se sente aimé pour ce qu'il est avant d'accomplir quoi que ce soit ou indépendamment de ce qu'il a déjà accompli?

Nous vivons enfin dans un âge de solutions immédiates. Comment nos groupes de discipulat peuvent-ils nous rappeler que la foi est un voyage d'évolution graduelle et que le Royaume de Dieu commence par une simple graine de moutarde qui se transformera ensuite en un arbre puissant?

CHAPITRE 5

Le discipulat holistique: Rassembler les familles et les communautés de la foi

Andrea Sawtelle

Andrea Sawtelle est un pasteur auprès de la jeunesse qui sert à Quincy, Massachusetts aux États-Unis. Elle aime tout particulièrement le ministère auprès de la jeunesse car elle peut observer des adolescents se passionner pour le partage de l'amour du Christ au-delà des murs de l'église. Elle considère le discipulat comme essentiel car nous avons besoin les uns des autres dans cette vie passée aux côtés du Christ.

Le ministère auprès de la jeunesse compte-t-il vraiment?

Nous venions juste de rentrer chez nous après un incroyable voyage missionnaire à Honduras. Nous avions utilisé chaque minute de notre temps afin de venir en aide le plus possible aux orphelinats ainsi qu'aux églises, aux écoles et bien plus encore. Notre équipe avait accompli le ministère auprès de presque 1000 enfants, nos cœurs s'étaient brisés par ce que nous avions pu observer et cela nous changea. Ce n'était pas la première fois que j'avais pris un groupe de jeunes hors du pays pour faire un voyage missionnaire mais cette fois avait été différente. Et tout cela à cause de Sarah.

Je fis connaissance avec Sarah durant sa première année au lycée lorsqu'elle rejoignit mon équipe de volleyball dont j'étais l'entraineur. Je perçus dès le départ qu'elle allait être une de ces athlètes que j'affectionne particulièrement. Elle avait un don pour l'athlétisme, était une travailleuse acharnée, désirait réaliser son potentiel sportif le plus possible et me respectait en tant qu'entraineur. La première année de lycée commençait bien pour Sarah.

Sarah fut une des seules personnes de sa classe à être acceptée dans l'équipe universitaire l'année suivante et nous pensions tous que cela allait être de nouveau une belle année où elle pourrait évoluer. Si seulement nous avions su que cela allait en fait être l'une des années les plus difficiles. Quelques semaines après que la saison fut commencée la mère de Sarah m'appela chez moi. Elle commença la conversation en disant: «Je sais que vous êtes l'entraineur de Sarah mais j'ai aussi entendu dire que vous étiez pasteur et je ne savais pas vraiment vers qui me tourner». Je pris le temps d'écouter la mère de Sarah ce jour-là qui était totalement bouleversée de voir sa fille si tourmentée sans savoir comment lui venir en aide. Ce moment me brisa le cœur.

Je pris la décision de tout faire en mon pouvoir pour aider Sarah après avoir raccroché avec sa mère. Je l'encourageais durant l'entrainement, je parlais avec elle et lui posait des questions sur sa vie. Je voulais qu'elle comprenne qu'elle était aimée, appréciée et que Dieu avait un objectif et un plan pour sa vie. Quelques semaines après que la saison sportive fut commencée je sentis que Dieu me poussait à lui demander de m'accompagner à Honduras avec notre groupe de jeunes. Non seulement elle n'avait aucun lien avec Dieu mais elle ne se rendait même pas à nos assemblées de jeunes. Mais étonnamment elle accepta pourtant. Je pensais sincèrement de tout mon être que son expérience à Honduras changerait tout pour elle. Mais je n'avais aucune idée que les 9 mois précédent le voyage allaient tourner de cette façon.

Sarah se retrouva dans un centre de détention pour mineurs en plein milieu de la saison de volleyball. Elle avait sombré dans un tourbillon infernal et s'en retrouvait brisée. Elle fut retirée de l'école, retirée de chez elle et placée dans un endroit tout à fait étranger. Elle vécut si mal son premier centre de détention pour mineurs qu'elle fut transférée dans un autre encore plus loin de son foyer où elle dû subir des restrictions encore plus sévères. Je me mis à prier fervemment pour elle, me concentrant sur ce que je savais être la vérité et espérant que Dieu allait intervenir. Elle était censée faire partie de ce voyage missionnaire avec nous.

Je me mis à passer beaucoup de temps avec Sarah durant cette période. Je vins la voir aux centres de détention, lui envoya des lettres encourageantes et continua de forger des liens avec sa famille lors de ce voyage qui se révéla bien imprévisible. Mais en juillet, de façon miraculeuse et insensée Sarah put embarquer dans l'avion avec nous afin de s'aventurer au Honduras pour une mission de 10 jours.

Des choses incroyables arrivèrent à Sarah durant ce voyage. Elle commença à abaisser sa garde si renforcée dès les premiers jours et commença à parler de la douleur qu'elle portait en elle. Elle se laissa aimer par des adultes et par ses camarades, se dévoua entièrement au service des autres et commença à nous donner quelques informations sur son histoire, une histoire qui avait laissé son cœur en morceaux. Je me mis à observer Sarah donner tout son amour à des filles adolescentes handicapées d'un orphelinat, s'occupant de ceux ayant été négligés et abusés. Je vis clairement quelque chose prendre vie en elle. Je me mis à pleurer à la fin de la semaine lorsque Sarah se tint debout devant toute l'église où nous avions travaillé et nous raconta son histoire, une histoire qui malgré son âpreté révélait tout de même l'amour de Jésus. Ces 10 jours allèrent bien au-delà de mes espérances et de ce que je pensais possible de la part de Dieu dans la vie d'un seul adolescent. Nous prîmes ensuite le chemin du retour.

Mais quelque mois plus tard Sarah était de nouveau sur un chemin imprévisible qui l'amènerait de nouveau dans un monde de drogues, de problèmes avec la police et à tomber enceinte. Je n'arrêtais pas de me demander tout au long de cette période en observant Sarah: «Où ai-je fauté? Pourquoi ne fus-je pas en mesure de lui venir en aide? J'aurais pu faire plus. Le ministère auprès de la jeunesse compte-t-il vraiment?». Ces questions me taraudèrent durant les dix premières années de mon poste au ministère auprès de la jeunesse.

J'avais 24 ans lorsque je commençai mon premier emploi en tant que pasteur auprès de la jeunesse. J'étais non seulement trop jeune pour conduire le van de l'église (que je détruisis plus tard lors de ma première année de conduite!) mais j'étais également empreinte de plein d'idées fausses que je croyais vraies quant au ministère auprès de la jeunesse. Je pensais d'une part que le rôle d'un pasteur auprès de la jeunesse était de sauver le monde… de par lui-même. Le traumatisme qu'un adolescent avait pu vivre, le système familial d'où il venait ou mon manque d'expérience m'importaient peu. Au final si un jeune ne suivait pas Jésus c'était de ma faute alors j'avais plutôt intérêt à faire tout ce que je pouvais afin que cela n'advienne pas.

Cela entraina ma deuxième notion erronée: les activités sans fin sont la clé du discipulat. Je pensais de tout mon cœur que plus nous avions de soirées pizzas, plus nous endurions de nuits blanches et plus nos programmes étaient chargés plus nous aurions une meilleure chance de former nos jeunes au discipulat. Il importait peu que nous ajoutions un million de choses à leurs calendriers déjà bien remplis ou que nous leur évitions de passer du temps avec leurs familles qu'ils ne voyaient déjà presque pas. Après tout le discipulat advient du moment que vous les faites venir à l'église, non?

C'est du moins ce que je pensais. Je ne pris jamais le temps de m'arrêter et de questionner leurs parents ce qui m'amène à ma troisième idée fausse. Je pensais qu'il me fallait éviter les parents à tous prix. Ils étaient pour moi intimidants, curieux et je les considérais même parfois comme des ennemis. Ils ne pouvaient bien évidemment pas influencer les vies spirituelles de leurs enfants autant que moi. J'étais après tout plus jeune qu'eux, formée professionnellement au ministère auprès de la jeunesse et regorgeait d'idées.

La lourde réalité

Nous avons tous été au contact d'une myriade d'adolescents dans nos ministères. Certains ont grandis au sein de l'église, d'autres ont poussés nos portes car ils y ont été invités, d'autres encore viennent de foyers profondément chrétiens et d'autres enfin viennent d'environnements familiaux totalement brisés. Nous faisons tout notre possible pour faire une différence en tant que leaders, partager l'Évangile de Jésus et tisser des liens durables. Mais la réalité au final est que nous avons encore et toujours des jeunes s'écartant de leur foi. Après avoir examiné la recherche du Groupe Barna et de l'Étude Nationale de la Jeunesse et de la Religion l'auteur Kara Powell aborde ce même constat. Elle en vint à conclure que «40 à 50% des enfants diplômés d'une église ou d'un groupe de jeunes n'adhèrerons plus à leur foi à l'université et 20% de ces universitaires avaient déjà considérés faire ceci dès le lycée. Les 80% restant avaient l'intention de garder leur foi mais ne le firent pas»[1].

Que nous nous considérions comme des professionnels pleinement formés et plein d'idées ou pas ces statistiques alarmantes devraient nous interpeller et soulever plusieurs questions dont celles que je me posais en observant le voyage de Sarah se dénouer sous mes yeux après notre retour du merveilleux voyage à Honduras. «Ce que nous faisons fonctionne-t-il vraiment? Où fautons-nous? Est-ce que le ministère auprès de la jeunesse compte du point de vue du discipulat?».

Quel est le secret?

Je pense qu'en tant que leaders auprès de la jeunesse nous nous accorderions tous à dire que le ministère auprès de la jeunesse compte en effet mais le fait est que certains choses que nous pensions être pertinentes ne fonctionnent pas forcément. Jackie était la première adolescente dont je fis la connaissance dans mon premier groupe de jeunes. Elle était pleine de vie, se sentait proche de ses leaders auprès de la jeunesse, adorait amener ses amis, posait des questions difficiles et se rendait à l'église à chaque fois que les portes étaient ouvertes. Les parents de Jackie se rendaient également à l'église mais étaient ce que nous pourrions appeler des chrétiens «nominatifs». Après avoir prêché auprès de Jackie tout au long de sa scolarité au collège et au lycée elle se rendit ensuite à une université chrétienne pendant quatre ans. Malgré le fait que Jackie ait bénéficiée de moments incroyables elle n'a jamais vraiment permis à Dieu d'avoir une emprise sur son cœur et ne se rend désormais plus à l'église.

Matt était un adolescent qui se retrouva dans notre ministère auprès de la jeunesse lorsqu'il était au collège. Il avait grandi dans un foyer «chrétien», avait été dans plusieurs églises et avait une connaissance assez poussée de la Bible. Sa vie de famille était néanmoins un désastre. Ses parents étaient divorcés, sa mère avait été mariée plusieurs fois et la vie était devenue très compliquée. Matt était intelligent, avait le désir d'évoluer dans sa relation avec Jésus et se rendait à notre église avec son père. Matt fut par la suite diplômé d'une université chrétienne, sert à présent dans son église locale et fait une licence de psychologie. Matt a un amour profond pour Jésus et désire faire connaitre à d'autres cet amour.

Si les parents ont déjà cette influence énorme sur les vies de leurs adolescents et que nous désirons que les jeunes que nous formons aient une foi ancrée dans la durée alors l'église a besoin d'entrer en partenariat avec les familles.

Becca se retrouva dans notre groupe de jeunes lors de sa première année au lycée car elle sortait à l'époque avec l'un de nos adolescents «de l'église». J'appris rapidement la première semaine de sa venue que même si elle se sentait heureuse parmi le groupe de jeunes elle n'avait pas vraiment le désir de savoir qui était Dieu. Mais après être venue régulièrement pendant plusieurs mois Becca appris non seulement à aimer notre groupe de jeunes mais accepta aussi Jésus comme son Sauveur personnel. Au cours des deux ans qui suivirent (même après qu'elle ait rompu avec son copain) elle devint un leader adolescent de notre groupe de jeunes, amena son père à l'église et suis désormais des études dans une université chrétienne afin de devenir pasteur auprès de la jeunesse.

Lorsque je pense à des adolescents comme Jackie, Matt et Becca je crois sincèrement que le ministère de la jeunesse les a aidés d'une façon ou d'une autre. Mais en réalité j'ai bien plus d'histoires de «Jackie» que je n'aimerais l'admettre, des histoires d'adolescents qui font partie des 40 ou 50% s'éloignant de l'église. Malgré le fait qu'il y ait beaucoup de facteurs dans ce que Kara Powell appelle la «Foi Adhérente» une des sources d'influence majeures reste la famille. «L'Étude Nationale de la Jeunesse et de la Religion en vint à la conclusion que la meilleure façon pour que la jeunesse soit plus sérieuse vis-à-vis de la foi chrétienne est que leurs parents prennent la leur plus au sérieux»[2]. Powell va même jusqu'à dire dans son propre livre «Lorsque l'on parle de la foi des enfants, les parents obtiennent ce qu'ils sont»[3]. En d'autres termes la façon dont les parents décident de vivre leur foi a une influence énorme sur la foi de leurs enfants. Cette seule affirmation a des conséquences énormes sur l'église et sur la façon dont nous agissons au ministère auprès de la jeunesse. Si les parents ont déjà cette influence énorme sur les vies de leurs adolescents et que nous désirons que les jeunes que nous formons aient une foi ancrée dans la durée alors l'église a besoin d'entrer en partenariat avec les familles.

Cela ne devrait pas nous paraitre nouveau. Dieu a fait en sorte depuis le départ de nous rappeler combien il est important que la famille soit à la base de tout discipulat primaire. Nous pouvons observer cela dans Deutéronome 6.4-9 où il est dit : «Écoute, Israël, l'Éternel est notre Dieu, l'Éternel seul. Tu aimeras l'Éternel ton Dieu de tout ton cœur, de toute ton âme et de toute ta force. Que ces commandements que je te donne aujourd'hui restent gravés dans ton cœur. Tu les inculqueras à tes enfants et tu en parleras chez toi dans ta maison, et quand tu marcheras sur la route, quand tu te coucheras et quand tu the lèveras. Qu'ils soient attachés comme un signe sur ta main et comme une marque sur ton front. Tu les inscriras sur les poteaux de ta maison et sur les montants de tes portes».

Dieu avait compris que les histoires spirituelles échangées entre familles pourraient être l'un des outils porteurs de vie les plus utiles. Il savait également que la détermination de transmettre la foi serait essentielle afin qu'elle passe d'une génération à une autre. Il ne fait pas que suggérer que nous devrions faire preuve de détermination. Il ordonne aux familles d'être déterminées dans la transmission de la foi de toute urgence car il sait combien les enjeux sont élevés.

J'ai grandi majoritairement dans le nord de l'état de New York, dans une petite ville appelée Plattsburgh. C'est le genre d'endroit où il est bon de fonder une famille mais sans doute pas une région où vous passeriez vos vacances. Mon père fut pasteur pendant 12 ans dans cette communauté. Nous avions une église de taille assez décente et un groupe assez grand de jeunes dans lequel j'étais très active et qui eut une influence majeure dans mon appel de servir au ministère. Nous avions un pasteur auprès de la jeunesse tout à fait génial que j'aimais et respectais et qui reste de nos jours l'une des personnes ayant eu le plus d'impact sur ma vie. Nous avions cependant remarqué que les familles de notre église avaient quelque chose de différent. Ce n'était pas la relation qu'il entretenaient avec mon père ni avec le pasteur auprès de la jeunesse. Ce que nous remarquâmes c'est qu'ils étaient déterminés quant à la formation spirituelle dans leurs foyers.

Leur détermination pouvait se voir lorsqu'ils passaient du temps avec d'autres familles de leur communauté partageant les mêmes valeurs. Cela signifie qu'ils accordaient la priorité à la lecture de l'Évangile et à la prière commune avec leurs familles dans leurs foyers. Ces familles ne craignaient pas de vivre à l'encontre de la culture du moment et choisirent plutôt de vivre aux yeux de tous de la manière qu'ils croyaient être juste. Les parents racontaient à leurs enfants des histoires de la fidélité de Dieu et parlaient des aspects de leurs vies où Dieu les poussait à agir. Ils accordaient de la place dans leurs foyers pour les questions et les doutes, amenaient d'autres adultes dans les vies de leurs enfants dont l'histoire de foi était contagieuse et faisaient en sorte de perpétuellement communiquer ce que cela signifie que de faire de Jésus une priorité avant tout autre chose. Ces parents étaient également déterminés à entrer en partenariat avec l'église ce qui signifie que beaucoup d'enfants de cette communauté, qui ont maintenant grandis et ont fondés leurs propres familles, servent à présent, participent au ministère et marchent aux côtés de Jésus, s'abandonnant totalement à ses lois.

Lorsque l'église et la famille s'unissent

Bien que nous sachions statistiquement que le discipulat fonctionne mieux lorsque nous sommes en partenariat avec la famille, nous autres pasteurs auprès de la jeunesse rejetons souvent cette notion tout simplement par crainte. Nous craignons que se concentrer sur le ministère de la famille entrainera alors la perte de tous nos ministères auprès de la jeunesse ce qui amoindrira notre efficacité et même notre créativité d'une certaine façon. Cette idée est bien plus éloignée de la vérité que nous ne l'imaginons. Entrer en partenariat avec la famille dans un but de discipulat holistique n'est pas une question d'échanger un ministère auprès de la jeunesse pour un ministère de la famille. Il est plutôt question d'impliquer les familles au cœur du processus de discipulat et d'admettre une fois pour toute que nous accomplissons plus de choses lorsque l'église et la famille s'unissent. La grande question qui se pose alors est celle-ci : « comment créer cette union » ?

S'unir avec les familles dans un but de discipulat holistique demande bien plus que de leur donner de bons outils en main. Cela implique plusieurs éléments clés. Cela demande d'abord une intention d'amener le plus d'adultes aimant Jésus à rencontrer nos enfants afin qu'ils les guident et leurs servent de mentors. Un vieux proverbe dit : « il faut tout un village pour élever un enfant ». Ce qui est vrai c'est « qu'il faut 900 villages environ afin d'élever un adolescent ! ». Powell mentionne ceci en le dénommant le ration 5.1. Pour chaque adolescent il faut que nous amenions 5 adultes à s'impliquer dans leur vie[4]. J'eus environ 5 à 10 adultes s'impliquant énormément dans ma vie durant mon adolescence. Ils n'étaient pas tous des pasteurs ou leaders auprès de la jeunesse non plus. Beaucoup d'adultes de l'église me faisaient sortir, me servaient de mentor, m'invitaient à rejoindre leurs conversations, m'écoutaient et marchaient à mes côtés dans cette vie. En tant que pasteur auprès de la jeunesse je désire maintenant que les jeunes poussant la porte de mon église puissent bénéficier de cette même chance. Notre objectif devrait être d'avoir au moins cinq adultes aimant Jésus hors de nos ministères auprès de la jeunesse s'impliquant dans la vie de nos adolescents, procurant ainsi aux familles un soutien solide tandis qu'ils forment leurs enfants de manière holistique.

Un second élément clé du partenariat avec les familles est de les équiper. Beaucoup de familles ayant le désir et la volonté de former leurs enfants au discipulat n'ont aucune idée par où commencer. L'un de nos rôles en tant que leaders est d'essayer de procurer aux familles les meilleurs outils et ressources possibles afin qu'elles puissent prospérer. Cela peut être fait en partageant des informations sur internet, en conseillant certains livres et articles que nous utilisons fréquemment en tant que leaders afin de nous immerger et de naviguer dans la culture et la spiritualité des adolescents. Cela peut être fait en organisant un séminaire pour les parents les éduquant sur la façon de former leurs enfants au discipulat. Cela peut même être fait en rassemblant tout simplement les parents afin de leur communiquer les dernières choses en vogue, les actualités, la musique ou les normes culturelles auxquelles nos adolescents adhèrent en ce moment.

> « Les équiper » ... peut même être fait en rassemblant tout simplement les parents afin de leur communiquer les dernières choses en vogue, les actualités, la musique ou les normes culturelles auxquelles nos adolescents adhèrent en ce moment.

Un troisième élément clé du partenariat avec les familles est de communiquer avec eux. Dans un monde où l'agenda est toujours plein les familles courent d'évènement en évènement et les demandes n'en finissent jamais. Il est donc essentiel de communiquer avec les familles si nous désirons être unis. La plupart des parents apprécient lorsque nous faisons tout notre possible afin de rester en contact avec eux de manière insistante et de leur permettre ainsi de rester au courant de ce qui se passe. Que ce soit par le biais d'un calendrier imprimable, d'un site internet de l'église, d'emails et de brochures hebdomadaires, de SMS ou de tirer profit du monde des réseaux sociaux, plus nous pouvons communiquer des dates, des heures, des opportunités et bien plus encore, mieux cela est. Communiquer régulièrement avec les parents leur fait savoir que vous comprenez la pression permanente dont ils font l'objet et que vous faites tout ce que vous pouvez pour leur faciliter la tâche.

Un quatrième élément clé du partenariat avec les familles est de les mettre au défi. Je mis mon groupe de jeunes au défi il y a quelques mois de lire entièrement le livre des Psaumes. Nous avions échangé sur l'importance de l'Évangile et je leur avais fait connaître une appli biblique leur permettant de lire un Psaume par jour sur leurs téléphones portables. Je fis en sorte de communiquer au familles ce défi encourageant les parents à le relever aux côtés de leurs enfants. En quelques jours je me mis à observer les parents profiter du trajet vers l'école pour lire l'Évangile avec ardeur à leurs adolescents. Ils se mirent même à communiquer des versets qui avaient eu une influence sur leur famille par le biais des réseaux sociaux. Laissez-moi réitérer que ce ne sont pas les parents qui ne veulent pas former leurs enfants au discipulat mais il faut parfois leur indiquer par où commencer et faire en sorte de les responsabiliser. Les « mettre au défi » signifie leur donner éventuellement une tâche à accomplir en famille, leur donner une liste de questions à poser à leurs enfants par rapport à quelque chose que vous leur avez enseigné ou leur demander de participer à un plan de lecture de l'Évangile étalé sur 30 jours. Mettre nos familles au défi permet non seulement des les responsabiliser vis-à-vis du processus de discipulat mais cela leur donne également un schéma pragmatique à suivre afin de commencer et d'accomplir cette tâche.

Un cinquième élément clé du partenariat avec les familles est de les encourager. Pour ceux parmi nous étant parents nous savons qu'élever des enfants ressemble souvent à une bataille perdue. Il y a des jours où vous regardez vos enfants et vous demandez si vos agissements font une once de différence. Les parents recherchent tous types d'encouragement et nous avons cette incroyable opportunité d'être ceux qui sont là pour eux. Encourager les parents peut tout simplement être une question de complimenter leurs enfants lorsque vous les voyez contribuer à votre ministère auprès de la jeunesse. Il également possible d'encourager les familles en célébrant les grandes étapes avec eux comme les anniversaires, obtenir son permis, être reçu à l'université, être baptisé et faire d'importantes décisions spirituelles. Il est possible d'encourager tout simplement les parents en les invitant à déjeuner afin de leur dire toutes les choses incroyables que vous aimez chez leur adolescent ou bien leur donner un petit cadeau afin de les encourager à faire quelque chose pour eux-mêmes.

Une autre façon d'encourager les familles est de toutes les rassembler stratégiquement au même endroit. La plupart des parents éduquant des adolescents cherchent à savoir qu'ils ne sont pas tout seuls à faire face aux obstacles spécifiques à cette période. Si nous pouvons créer un espace où les parents peuvent échanger les uns avec les autres sur les obstacles auxquels ils se butent, alors ils se réconforterons mutuellement en voyant que leurs histoires sont similaires. Cela peut être aussi simple que d'inviter deux familles à diner, créant ainsi une sorte de forum ouvert ou bien servir d'intermédiaire afin que des familles rentrent en contact.

Le sixième et dernier élément clé du partenariat avec les familles est de faire bénéficier les parents d'un discipulat. Les églises se tournent généralement vers les jeunes et se spécialisent dans les ministères auprès de la jeunesse mais elles ont du mal à se concentrer sur les parents et à les faire évoluer alors que nous savons pertinemment que ces derniers sont les plus grandes influences quant à la transmission de la foi à la génération suivante. Le pasteur d'une église de notre région s'investit toutes les semaines dans un groupe d'hommes car il pense que les aider à se développer spirituellement aura un impact sur toute la famille.

Gérer les familles dysfonctionnelles

Je fis connaissance de Brandon dans le parking de l'église où il venait de faire du skateboard avec ses amis (un parking étant situé juste à côté de ma maison). Brandon avait les cheveux longs, portait du mascara noir, ses ongles étaient vernis en noir et il était entièrement habillé de noir. Mon mari et moi décidâmes d'entrer en contact avec Brandon et ses amis et les invitâmes alors à se rendre à un évènement que nous organisions pour les jeunes. Étonnement ils s'y rendirent. Cette soirée fut le commencement d'un enseignement incroyable pour les adolescents et les adultes sur la façon d'accepter toute personne étrangère à notre l'église. Cela remis également en question notre mode de pensée sur la façon d'aborder les adolescents dont les familles étaient dysfonctionnelles.

Il ne fallut pas beaucoup de temps pour découvrir que Brandon et les 10 ou 15 amis qu'il finit par amener venaient tous de foyers en difficulté. Brandon vivait par exemple dans un tout petit studio avec sa mère qui faisait tout pour garder la tête hors de l'eau tout en faisant de mauvaises décisions. Brandon nous présenta sa mère quelques mois après notre rencontre initiale mais à part ça nous n'avions pas beaucoup de contact avec elle. Elle nous remerciait à chaque fois que nous arrivions à la voir du fait que nous faisions partie de la vie de son fils mais cela n'allait pas plus loin.

Le défi qui se présente est de créer une culture saine, non seulement au sein de notre groupe de jeunes mais également dans le cœur même des familles. Lorsque nous observons dans quelle famille nos jeunes ont grandi nous avons parfois l'impression que c'est peine perdue. Cela peut être décourageant de voir des parents aussi désintéressés par la foi lorsque nous savons qu'ils sont ceux pouvant le plus influencer leurs enfants. Pour beaucoup d'entre nous il est certain que si nous menions une enquête sur nos ministères auprès de la jeunesse nous découvririons que de plus en plus de jeunes viennent de foyers qui ne sont pas conventionnels. Beaucoup de ces jeunes vivent avec leurs grands-parents, leurs tantes, leurs oncles ou seulement un de leurs parents. Nous pouvons observer au sein du foyer de l'abus de substances dangereuses, des problèmes psychologiques et une tendance au désordre. Cela peut s'avérer difficile pour nos jeunes d'évoluer dans un tel environnement, surtout spirituellement. Comment pourrions-nous donc remédier à cette situation?

Il y a en fait plusieurs choses auxquelles nous pouvons nous atteler. Il faut tout d'abord s'intégrer à leur histoire. Nous pensons parfois qu'en 'invitant une personne à l'église cette dernière dira «oui» automatiquement et que sa vie sera alors transformée. L'église n'avait jamais été une priorité pour Brandon et sa mère, la foi n'avait jamais vraiment été discutée alors il n'était même pas question de se rendre à l'église. Brandon ne se rendait pas à l'église le dimanche matin malgré le fait qu'il venait souvent à notre assemblée de jeunes. Sa mère n'y mettait vraiment jamais les pieds alors nous prîmes la décision de faire tout ce que nous pouvions pour nous impliquer dans leur histoire. Nous nous mîmes à conduire Brandon à l'assemblée de jeunes de façon régulière et discutions souvent de la foi, de ses doutes et de la vie en général. C'est lors de ces trajets dans ce van de l'église que nous eûmes certaines de nos discussions les plus sincères et je suis convaincue que cela ne fit qu'intensifier sa foi.

Nous l'écoutions et priions ensemble au fur et à mesure qu'il partageait des anecdotes sur sa mère qu'il chérissait particulièrement. Lorsque nous réalisâmes où elle travaillait, notre café du coin favori, nous fîmes en sorte de nous y rendre et de lui dire combien nous aimions passer du temps avec son fils. Nous lui amenâmes parfois des cartes cadeaux lorsque les fins de mois étaient difficiles, nous achetâmes des skateboards afin de voir ce dont il était question et restâmes avec lui jusque tard dans la nuit afin qu'il sente que nous étions là pour lui.

> **Nos églises ont cette incroyable opportunité vis-à-vis des adolescents, de devenir une famille adoptive pour eux ce qui peut faire une différence énorme à un jeune venant d'un foyer difficile.**

Nous n'étions pas les seuls à faire cela. Sans même le réaliser Brandon avait été l'initiateur d'une culture d'accueil qui détourna l'attention toute entière de notre ministère auprès de la jeunesse d'une façon incroyable. C'est en racontant cette histoire au comité de l'église, à nos leaders du ministère et à notre personnel pastoral qu'ils commencèrent eux-mêmes à s'impliquer dans sa vie en faisant connaissance avec lui, en priant avec lui, en étant présent à chaque fois qu'ils le pouvaient. Ces adultes devinrent des mentors dans la vie de Brandon, créant en quelque sorte un système familial de substitution.

Nos églises ont cette incroyable opportunité vis-à-vis des adolescents, de devenir une famille adoptive pour eux ce qui peut faire une différence énorme à un jeune venant d'un foyer difficile. Nous pouvons faire ceci en étant là pour les grands évènements. Je me souviens d'un de nos adolescents qui nous demanda à moi et mon mari de venir avec lui à la finale de son championnat sportif car il nous considérait comme sa famille. Être présent peut être aussi simple que cela. Nous sommes là lors des remises de diplômes, lors du premier jour d'un nouveau travail et nous rendons aux événements sportifs et culturels dans lesquels nos jeunes se sont vraiment impliqués. Être là pour les grands événements signifie également être là lors de funérailles, lors des dates de comparution, ou tout simplement d'être présent pour nos jeunes lorsqu'ils ont reçu des mauvaises nouvelles.

Nous pouvons devenir une famille adoptive pour nos jeunes en les responsabilisant et en priant pour eux. Nous pouvons poser des questions difficiles, nous nous devons de beaucoup les écouter, nous devons questionner ce en quoi ils croient et créer des espaces dédiés afin que cela advienne. Nous pouvons trouver des gens de l'église qui sont fortement impliqués et seront prêts non seulement à prier pour nos adolescents mais également pour leurs familles, en les nommant et en priant pour leurs besoins et les obstacles spécifiques auxquels ils font face.

Lorsqu'une église prend la responsabilité d'agir en tant que famille adoptive pour nos adolescents elle fait un choix conscient. Elle montre son intention d'être bienveillante. Notre rôle à l'église n'est pas de changer les jeunes ni leurs familles. Notre rôle est de les inviter dans notre communauté où ils peuvent faire l'expérience de l'amour de Dieu qui est alors source de changement. Lorsque nous acceptons nos jeunes et leurs familles pour ce qu'ils sont, malgré le désordre que cela peut parfois entrainer, nous créons une culture d'accueil et cette culture est source de transformation. Nous les aimons lors des périodes difficiles du collège et du lycée et les aimons par la suite. C'est en faisant le choix conscient d'aimer nos jeunes après l'école, de marcher avec eux lorsqu'ils sont amenés à prendre des décisions lorsqu'ils sont à l'université et au-delà que nous leur indiquons qu'ils font réellement partie de notre famille, ce qui peut potentiellement tout changer.

Il y a eu des moments où j'ai eu l'impression de vouloir tout abandonner avec Brandon mais notre église avait fait le choix conscient de l'aimer quoi qu'il décide de faire. Je répétais continuellement à Brandon qu'un jour il prendrait une décision vis-à-vis de Jésus et qu'il devait se montrer patient. Mais il n'avait toujours pas fait de choix lors de sa remise de diplômes.

Je reçus un appel quelques années après. Une voix familière me dit: «Pasteur Andréa? Je tenais juste à vous dire que j'ai fait ce que vous aviez un jour prédit. J'ai donné ma vie à Jésus». Je pense avoir laissé tomber mon téléphone et me suis mise à pleurer. Tout cet investissement malgré le chaos avait porté ses fruits. Il se rendit dans sa ville natale quelques mois plus tard et nous le baptisâmes avec presque toute la congrégation. Sa mère se tenait près de lui. Ce jour fut un rappel de l'importance du travail acharné de notre ministère auprès de la jeunesse et de la valeur de notre discipulat patient.

Nous ne savons jamais quelle influence nous aurons sur un adolescent ou sa famille mais notre rôle en tant qu'église est de faire tout notre possible afin d'être présents aux côtés de nos jeunes et de leurs familles. Nous ne sommes pas non plus responsables des résultats mais avons la responsabilité de rester impliqués dans la mission d'atteindre les gens au nom de Jésus. Pour Sarah, cette jeune femme de mon équipe de volleyball, cette connexion vis-à-vis du Christ ne se fit jamais mais le lien que nous avions tissé avec elle nous amena à nous lier d'amitié avec sa grande sœur qui elle donna sa vie au Christ ainsi que son fiancé qui fit de même. Ils sont maintenant mariés et servent auprès de l'église. Nous prions encore pour que les graines que nous semâmes, le mentorat que nous forgeâmes et le fait d'être présent… que tous ces efforts amèneront Sarah à prendre un jour une décision pour Jésus comme cela fut le cas pour Brandon.

Commencez par quelque chose de petit et commencez quelque part

Que vous vous retrouviez à travailler avec des familles aimantes, incroyables et fonctionnelles ou que vous soyez dans des environnements familiaux désordonnés et brisés, votre rôle est le même. Aidez les jeunes à tomber amoureux de Jésus d'une façon qui changera tout. La meilleure façon de faire cela est de travailler auprès des familles, qu'elles soient biologiques ou adoptives. Vous serez tentés de penser que vous avez besoin qu'un plan bien précis ait été d'abord mis en place mais je vous encourage à commencer par quelque chose de petit et de commencer quelque part. Vous n'avez aucune idée de qui vous atteindrez.

Bonus : 16 idées créatives pour bien démarrer

Vous ne savez pas par où commencer ? Voilà quelques idées :

1. **Un email hebdomadaire aux parents**. Envoyez un email à chaque début de semaine énonçant dans le détail les prochains évènements à venir, rappelez certains paiements qui sont encore d'actualité, donnez des articles sur la culture de la jeunesse et des conseils sur la façon d'élever des enfants sans oublier d'incorporer des sujets que vous êtes en train de prêcher ou d'enseigner. Sentez-vous libres d'ajouter quelques phrases sur la façon dont Dieu est en train d'agir au sein de votre groupe de jeunes et faites savoir aux parents que vous priez pour eux.

2. **Un bulletin d'informations**. Envoyez un bulletin d'informations tous les mois dont le contenu pourrait se décliner en articles intéressants sur la façon d'élever des enfants ou des informations sur les dernières modes culturelles des jeunes sans oublier les moments forts du ministère auprès de la jeunesse, etc. Si vous désirez vous inspirer d'un bulletin d'informations déjà tout préparé (uniquement en disponible en anglais) et dont l'achat ne coute pas grand-chose visitez www.cpyu.org.

3. **Un weekend formatif pour la famille**. Invitez quelqu'un étant formé professionnellement au ministère auprès de la jeunesse à intervenir dans un

séminaire formatif pour les parents le temps d'un weekend. Si les finances posent souci mettez-vous donc en partenariat avec une autre église et divisez ainsi les couts, ou invitez un pasteur auprès de la jeunesse faisant partie du ministère auprès de la jeunesse depuis longtemps de venir et de partager ses expériences. Vous pourriez également faire venir des psychologues et même des adultes ayant de l'expérience dans l'éducation des adolescents.

4. **Des stands de prière créative pour la famille**. Organisez une soirée de prière où les familles peuvent venir ensemble et s'impliquer dans des stands de prière créative (des idées pour ces stands sont facilement accessibles sur internet). Donnez des instructions claires afin que les familles sachent ce qu'elles sont censées faire à chaque stand. Donnez-leurs à la fin quelques-unes des idées qui ont été trouvées sur papier afin qu'elles puissent les implémenter une fois rentrées chez elles.

5. **La prière familiale de la rentrée des classes**. Invitez des familles à s'inscrire à des blocs de quarts d'heures spécifiques afin de vous rencontrer au début de l'année scolaire et de prier pour eux. Demandez-leur ce qu'ils ont retenus de bon de leurs vacances estivales et vers quels obstacles vous devriez orienter vos prières en ce début d'année scolaire.

6. **La connexion parentale**. Organisez un rassemblement mensuel où vous échangerez brièvement sur un sujet ou type de problème lié à la jeunesse ou bien à l'éducation de jeunes et donnez ensuite des questions de discussion qui devront être abordées lors de diverses tables rondes.

7. **Des soirées dinatoires**. Invitez les familles à un grand diner avant que ne commence le programme astreignant de milieu de semaine. Demandez à des familles étant affiliées à l'église depuis longtemps de préparer des menus simples (comme des spaghettis, des tacos, des hot dogs, etc…) et demandez à chaque famille de payer une faible somme pour l'inscription à ce diner. Rendez même cet évènement gratuit si vous parvenir à obtenir assez de donations !

8. **L'enseignement parallèle**. Travaillez avec votre pasteur principal et essayez d'enseignez le même passage ou la même série de l'Évangile. Cela procurera un sens de continuité pour les familles tout en leur donnant également des sujets de discussion.

9. **Un curriculum de foi adhérente**. Rendez-vous sur le site www.stickyfaith. org (langue anglaise) pour obtenir de superbes curriculums pour parents et leurs enfants. Organisez une classe pour parents à l'école du dimanche et étudiez ensemble ce curriculum.

10. **Faites un compte-rendu d'évènements majeurs**. Demandez aux parents venant chercher leurs enfants de rester 30 minutes de plus lorsque vous venez de rentrer de colonie de vacances avec vos jeunes ou d'une retraite, d'un voyage missionnaire, etc… Utilisez ces 30 minutes pour récapituler l'évènement, raconter les moments forts et donner des défis. Donnez aux parents une liste de questions qu'ils pourront poser à leurs enfants lorsqu'ils seront de retour à la maison.

11. **Laissez les parents être les raconteurs**. Invitez les parents de vos adolescents à se rendre aux assemblées de jeunes afin d'échanger sur la façon dont ils firent connaissance avec le Christ. Vous pourriez également prévoir un panel de parents qui aura pour but de répondre à des questions sur leurs histoires de la foi.

12. **Invitez les familles dans votre foyer**. La meilleure façon de faire connaissance avec les familles est de manger tous ensemble ! Invitez une ou deux familles à partager un déjeuner ou un diner. Cela vous donnera l'occasion de connaitre ces familles et leur permettra également de tisser des liens.

13. **Des missions familiales ou des jours de service**. Trouvez un moyen afin de servir tous ensemble que ce soit un voyage missionnaire intergénérationnel d'une semaine entière ou une simple après-midi passée à servir dans le ministère de la compassion local, agir ensemble est une source incroyable d'opportunités de discipulat.

14. **Des mots d'encouragement**. Envoyez du courrier ! une note écrite à la main peut vraiment faire la différence et aidera les familles à réaliser qu'elles sont connues, vues et ne sont pas toutes seules.

15. **Un plan de mentorat ou un compagnon de prière**. Créez un profil de prière pour tous les jeunes de votre ministère et demandez à ce que chaque personne de la congrégation adopte un compagnon de prière. Enclenchez ce ministère lors d'une prière au petit-déjeuner où les adolescents et les adultes pourront se voir face-à-face et prendre la sérieuse décision de prier l'un pour l'autre tout au long de l'année.

16. **Des compagnons d'éducation**. Formez des groupes d'adultes composés de pères et de mères ayant de l'expérience dans l'éducation des jeunes et qui abordent maintenant l'après-adolescence. Ces petits groupes pourront servir de compagnons de prière, de mentors de discipulat et encourager les parents tout au long du chemin.

CHAPITRE 6

Ce discipulat relationnel: Considérer notre vie comme étant notre curriculum

Bakhoh Jatmiko

Bakhoh Jatmiko est le coordinateur de la jeunesse de champ de Sealands et pasteur servant à Yogyakarta en Indonésie. Le ministère auprès de la jeunesse l'intéresse car il peut observer une nouvelle génération se passionner pour le Seigneur. Il trouve le discipulat important car la similitude au Christ n'apparait pas soudainement en une minute et n'est pas non plus le résultat d'une seule expérience. Le discipulat aide le croyant à entreprendre un voyage spirituel afin d'être plus à l'image du Christ.

Notre besoin de rapports humains est mis en avant au tout début de notre histoire. Dieu déclare dans la Genèse: «il n'est pas bon que l'homme soit seul» (Genèse 2.18). Dieu savait que nous avions été créés afin d'entretenir une relation les uns avec les autres et avec Dieu. Nous pouvons voir l'importance de ces relations à travers toutes les Écritures. Bien que les relations entre humains soient souvent difficiles et épineuses les histoires démontrant la confiance, le soutien, l'amitié et l'amour sont également des histoires de survie, de persévérance, de joie et d'espoir. Nous avons besoin l'un de l'autre dans le voyage de notre existence. Je pense que lorsque Dieu dit qu'il n'est pas bon que l'homme soit seul il ne parlait pas du nombre de «followers» que nous avons sur les réseaux sociaux. Je pense que Dieu veut que nous tissions d'honnêtes liens les uns avec les autres et que nous partagions de vrais moments de vie.

> **Jésus utilisa sa vie comme curriculum vivant dont la fondation était sa relation avec les disciples**

Nous allons explorer dans ce chapitre comment, si nous sommes déterminés, nos vies de tous les jours peuvent s'avérer être la plus grande ressource de discipulat pour nos jeunes. C'est en utilisant ce désir «inné» d'être en contact et de tisser des liens que nous créons l'opportunité afin qu'un discipulat plein de sens puisse advenir.

Nous pouvons clairement voir, lorsque nous observons le ministère de Jésus, qu'il eut pour habitude d'utiliser les relations entre hommes comme pierres fondatrices de son ministère. Jésus appela chacun de ses disciples à une vocation personnelle «Venez et suivez-moi». Jésus passa les trois années suivantes à marcher, parler, accomplir le ministère, à rire, à pleurer et à voyager avec ces douze hommes. Il ne prit pas leur désir d'implication à la légère, ne leur rendant visite que de temps en temps. Les liens qu'il avait tissé avec ses disciples étaient constants et vrais. Les disciples furent appelés non seulement à écouter les enseignements de Jésus ou d'obéir à ses instructions mais également à le suivre de près et de forger une vraie relation avec lui.

Dans le contexte du ministère nous devons toujours être conscients des relations superficielles ou du piège de la pseudo-relation. La pseudo-relation se forge lorsque nous nous concentrons sur des activités ou des programmes plutôt que sur de vraies relations. Les activités et les programmes peuvent être le moyen d'attirer les gens mais ils ne nous donnent alors aucunes garanties d'aller plus loin. Il est important de développer ces relations fortes car le discipulat demande de la détermination et des liens forts. Une relation est le moyen de faire entrer d'autres personnes en contact avec Jésus par le biais de nos vies. C'est en vivant notre foi pleinement devant les autres que nous représentons les enseignements et les paroles de Jésus. Nos vies sont constamment tournées vers Jésus car le but n'est pas de nous créer des « followers » mais bien de former des disciples de Jésus.

La vie en tant que notre curriculum

Un curriculum est simplement un groupement de leçons ou de classes utilisées afin d'aider un élève à comprendre un sujet spécifique. Nous considérons souvent à l'église que les ressources utilisées lors de l'école du dimanche ou que les guides des leçons pour petits groupes forment un curriculum. Ces ressources nous aident à centraliser les enseignements que nous désirons transmettre à nos jeunes.

Si nous acceptons l'invitation de laisser nos jeunes observer nos vies comme moyen de discipulat nous devons alors honnêtement vivre nos vies tout en gardant en tête que nous leur servons d'exemple.

Je trouve cela fascinant lorsque je lis ou que j'étudie la Bible de réaliser comment Jésus fit du discipulat, comment il enseigna ses disciples. Il n'y avait pas de leçons ou de guides d'études imprimés. Jésus enseignait souvent mais généralement sous forme de leçons en réponse à quelque chose qui était arrivé plutôt que de programmer un cours magistral. C'est en lisant la Bible que je m'aperçois que Jésus laissait principalement ses disciples observer ce qu'il faisait, la façon dont il s'occupait de ceux qui étaient marginalisés ou ceux considérés comme faibles. Jésus voulait en gros qu'ils fassent réellement l'expérience de sa façon de vivre la vie. Jésus leur donna plein d'opportunités de gérer les hauts et les bas de la vie à ses côtés et d'apprendre. Jésus utilisa sa vie comme curriculum vivant dont la fondation était sa relation avec les disciples : « Sans relation il n'y a pas de discipulat, juste une transmission d'informations »[1]. Jésus ne communiqua donc pas simplement des enseignements à ses disciples mais il transforma également leurs existences en faisant l'expérience de la vie à leurs côtés.

Nous savons de Jésus que le discipulat n'est pas seulement une question de se rappeler les vérités qui ont été enseignées et d'être capable de les réciter. Le discipulat va bien plus loin que cela. Je crois bien évidemment à la pertinence des programmes, des cursus et des ressources que nous utilisons pour le discipulat mais mettre ces vérités en action est la clé de voute de tout le processus. Le mot grec pour élève est mathētes, qui forme la racine du mot mathématiques, signifie «une pensée accompagnée d'une initiative»[2]. Apprendre doit être source d'action. Les disciples pensent et apprennent mais s'ils prennent réellement conscience des leçons de leur maitre, ils peuvent aller au-delà d'une simple écoute et d'une attitude de réflexion et se mettre à agir. Cela peut se démontrer en choisissant d'agir de la même façon que celui que nous suivons.

Je peux retracer les étapes de ma vie et réaliser comment l'observation de la façon dont les autres vivaient m'a servi de discipulat et m'a amené à évoluer dans ma foi. Je pensais avoir une bonne idée de l'amour mais j'appris bien plus lorsque je vis mon ami Mery rendre visite à une vieille veuve pauvre et solitaire et lui apporter des repas, l'aider à se nettoyer et s'occuper de ses vêtements sales et malodorants. Je pensais bien comprendre le principe du sacrifice mais j'appris bien plus lorsque je découvris qu'Édouard, un étudiant universitaire, fit don de ses fins de mois à l'un des membres de notre église qui avait besoin d'argent afin d'acheter un livre pour son fils.

Si nous acceptons l'invitation de laisser nos jeunes observer nos vies comme moyen de discipulat nous devons alors honnêtement vivre nos vies tout en gardant en tête que nous leur servons d'exemple. Au final nous leur servons d'exemple que nous y pensions ou pas. Si le Christ est donc en nous, son amour et sa vie doivent être visibles dans nos vies. Vivons de telle façon que nous puissions proclamer tout comme Paul le fit: «Suivez donc mon exemple, comme moi, de mon côté, je suis celui de Christ» (1 Corinthiens 11.1).

À quoi est-ce que cela ressemble donc? Est-ce que nous devons juste nous occuper du quotidien tout en ayant notre groupe de jeunes attachés à nos pas? J'aimerais suggérer ici trois exemples de la façon dont nous pouvons agencer nos vies afin qu'elles puissent servir de curriculum.

Faire des activités ensemble

Comme nous l'avons mentionné précédemment Jésus n'avait pas définit d'heure précise pour ses leçons quotidiennes ni un lieu précis. Je dirais qu'il décida plutôt courageusement d'enseigner ses disciples apparemment sans aucun programme ni agenda particulier. Jésus engagea ses disciples à vivre la vie ensemble et ses temps d'enseignement suivaient ou précédaient généralement une activité qui illustrait la leçon ou l'appliquait concrètement.

Lorsque Jésus désira que les disciples comprennent son autorité sur la création il les amena sur un lac où ils affrontèrent ensemble un orage ainsi que les vagues s'écrasant contre le bateau. Lorsqu'il désira que les disciples apprennent à faire confiance à Dieu en tant que pourvoyeur il les amena auprès de ceux dans le besoin et contribua avec eux afin de répondre aux besoins des gens. Lorsque Jésus désira que les disciples apprennent ce que cela signifie de suivre le Dieu de la vie il les amena à la tombe de Lazare où sa dépouille avait été déposée depuis quatre jours et ramena ce dernier à la vie.

C'est en marchant aux côtés de Jésus que les disciples eurent l'opportunité d'observer sa réaction lorsqu'il fut touché par la femme impure. Les disciples apprirent ce que cela signifiait que de montrer un parfait amour lorsque Jésus étendit la main et toucha le lépreux qui venait à sa rencontre. Jésus laissa les disciples écouter les critiques des Pharisiens et des Sadducéens dirigées contre lui, ces derniers essayant également de Le piéger mais c'est à cette occasion qu'ils réalisèrent ce que cela signifie que de répondre avec une sagesse divine.

La plupart des enseignements de Jésus n'étaient pas des cours magistraux car il incorpora plutôt avec adresse ses enseignements dans les évènements du quotidien. Son enseignement s'écoulait de sa relation avec ses compagnons et des foules qui Le suivaient. Il utilisa chaque opportunité de changer leur mode de pensée et leurs vies. Lorsque Jésus appela ses disciples à Le suivre il fit de sa vie leur curriculum.

Mon ami Ishak est l'une des nombreuses personnes m'ayant aidé à devenir plus similaire au Christ. Ishak et moi avons un loisir commun : la randonnée de montagnes. Nous avons vécu pleins d'aventures ensemble durant nos ascensions et c'est dans ces moments qu'il m'enseigna beaucoup de leçons importantes.

Durant l'une de ces randonnées nous arrivâmes à une pente ascendante étroite et glissante où le chemin continuait en une inclinaison de 50 degrés jusqu'au sommet. Ce chemin m'épuisa. J'étais tenté de tout laisser tomber et de rentrer chez moi. Je me mis à grommeler et à me demander pourquoi j'avais initialement accepté d'escalader cette montagne. Je fus très surpris d'entendre la réponse d'Ishak sur le fait que nous nous retrouvions dans cette situation épuisante. Il me dit : «Notre vie est exactement comme cela. Dieu te laisse parfois marcher dans un chemin pentu, étroit et rocheux mais tu dois croire qu'il promet également de t'amener dans la verte vallée. Ce que tu dois faire c'est montrer de la gratitude pour chaque situation». Quoi ? J'étais là, tout essoufflé et Ishak se lance tout à coup dans une leçon spirituelle et m'explique tout ! il avait raison… il était également en meilleure forme physique que moi !

Sa courte affirmation fut retentissante. Je fus frappé par le Saint-Esprit et condamné pour mon irritabilité. Cette simple explication d'Ishak changea totalement ma vision de la vie. Je m'en souviens encore comme si c'était hier alors que cela arriva il y a bientôt 15 ans. Ce moment est profondément ancré en mon cœur. Ce fut pour moi le sermon le plus puissant ayant été préparé par un prêcheur.

Nous devrons réaliser, lorsque nous faisons du discipulat de cette manière, tous les moments où ce type d'enseignement est apparu. Nous devons être en prière et demander au Saint-Esprit de nous guider et de nous aider à comprendre de quelles leçons nos jeunes ont besoin. Il est également essentiel que nous passions du temps avec nos jeunes hors des murs de l'église. Organisez des activités sportives et recherchez les opportunités de partage à propos de l'équité, du travail commun vers un même but ou sur l'inclusion. Promenez-vous dans les quartiers de votre ville et identifiez comment aider ceux dans le besoin. Demandez à vos jeunes de réfléchir à la dignité de ces individus et au fait que notre aide devrait toujours être respectueuse. Invitez-les à participer à l'organisation d'un évènement. Vous aurez alors l'occasion de parler d'un peu de tout, de la gérance aux pratiques professionnelles déontologiques sans oublier le moyen de servir les autres. Il est possible d'aller camper, de faire une randonnée, de nager ou d'aller pêcher. Il est tout aussi possible de cuisiner, de regarder un film ou de former un club de lecture. Il y a tellement de possibilités. La leçon à retenir est simplement que faire des activités ensemble est idéal pour la création d'une opportunité de discipulat.

Montrer l'exemple dans les moments de joie comme dans les moments de peine

Il est important de montrer l'exemple et de donner l'image d'un suivant de Jésus authentique et fidèle. Nos jeunes nous observent afin de voir comment nous réagissons à tout ce que la vie peut mettre sur notre chemin – le bon et le mauvais. La manière dont nous réagissons aux diverses crises de la vie est critique afin d'enseigner comment les disciples de Jésus vivaient. Est-ce que nous essayons de résoudre toute crise de par nous-même ? Recherchons-nous dans la prière le conseil de Dieu afin de prendre des décisions fortes et sages ? Justifions-nous l'utilisation de mauvais raccourcis afin de simplifier notre vie ? La manière dont nous réagissons lors de moments de crises en dit plus long sur ce en quoi ou en qui nous plaçons notre confiance que toute parole.

Les moments de crise sont les reflets honnêtes de ce qui guide nos vies. Partager notre vie en tant que curriculum implique que nous sommes prêts à laisser nos jeunes observer et apprendre de nous, que ce soit dans les moments de joie comme dans les moments de peine. Il nous est naturel de résister à l'idée d'inviter des gens à assister aux moments difficiles de nos vies et il y a des limites saines à respecter. Mais si nos jeunes savent que nous vivons l'un de ces moments difficiles nous ne devrions pas nous comporter comme si ce problème n'existait pas lorsque nous sommes parmi eux. Ils ont besoin de nous voir lutter et faire confiance à Dieu en même temps dans ces moments difficiles.

> Sans les liens entre croyants il n'y a aucun modèle à suivre, aucune authenticité ni responsabilisation, aucune application ni soutien pour le voyage. Ces choses naissent par le biais d'un contact rapproché. Et parce que ce contexte relationnel pour apprendre est manquant, les moments changeurs de vie sont beaucoup plus rares qu'ils ne devraient l'être parmi les chrétiens de nos jours [3].

La vie est parfois comme un calme jardin de fleurs mais souvent elle ne l'est pas. Dans la vie de tous les jours nous rions, pleurons, célébrons et nous nous lamentons. Nos réactions face à ces extrêmes sont révélateurs de notre loyauté, de notre foi et de notre intégrité. Une vie bien vécue sert de modèle pour les autres et créé un environnement où ces derniers peuvent également croitre. Dans un tel environnement nous devenons des formateurs de disciples efficaces, même au travers des larmes.

Je n'avais été marié à Ester, ma femme, que depuis trois années de vrai bonheur lorsque notre vie s'immobilisa à l'annonce de nouvelles désastreuses. Ma femme avait ressenti des douleurs intenses à l'abdomen quelques mois auparavant. Nous nous étions rendus chez le médecin afin d'essayer de comprendre ce qu'il se passait. Après l'avoir examinée le docteur trouva un gros kyste sur l'ovaire droit de ma femme. Nous étions sous le choc, surtout Ester, parce que seulement quatre ans plus tôt elle avait déjà subi une opération afin de retirer un gros kyste sur son ovaire gauche. Cette période fut extrêmement difficile pour nous et reste sans doute le moment le plus douloureux de tout notre temps ensemble. Le docteur nous indiqua qu'il était possible que ma femme ait à subir une nouvelle opération et nous avertit de la possibilité que nous ne puissions pas alors concevoir d'enfants.

Certains jeunes de notre église étaient au courant de ce que nous traversions. Ils nous observaient et notaient tout particulièrement notre réaction à cette crise. Ils savaient que le «vrai moi» réapparaitrait vite à la surface. Est-ce que je montrerais pleinement ma frustration et ma déception en jurant et en me plaignant, mettant le blâme sur moi, les autres ou Dieu? Serais-je celui qui demanderais où ont disparues les promesses de protection de Dieu? Me mettrais-je à questionner Dieu du fait que nous ayons à passer par ce stade difficile? Ou bien ferais-je en sorte de réagir à l'opposé et de continuer à croire et à faire confiance au plan de Dieu?

Je remercie Dieu de m'avoir aidé à bien vivre ma foi même au cœur d'une situation si difficile. Je continuais à prier et à faire tout mon possible pour démontrer la foi que j'avais souvent prêchée dans mes sermons et mes assemblées de discipulat. C'était l'occasion idéale pour que mes jeunes apprennent par le biais d'un «curriculum vivant» à travers moi. Plusieurs semaines après que ma femme ait reçu le diagnostic du kyste nous nous rendîmes de nouveau chez le médecin afin de voir comment la situation progressait. Lorsque le docteur commença l'échographie elle nous annonça qu'elle ne voyait plus rien et qu'elle ne pouvait trouver aucun kyste! Nous louâmes Jésus! il avait répondu à notre prière et c'est en écrivant ce chapitre que nous célébrons le premier anniversaire de notre magnifique petite fille.

En m'observant et en apprenant de mon «curriculum vivant», les jeunes réalisèrent que ce Jésus qui avait vécu il y a 2000 ans de cela était toujours parmi nous et agissait activement dans notre existence. Ils furent informés de l'autorité de Jésus, non seulement par ce que je dis mais également par le biais de ce qu'il advint dans notre famille. Ils purent nettement voir ce à quoi la vie ressemble lorsque notre foi intervient réellement dans notre quotidien. Plus important encore, ils grandirent dans leur foi et dans leur désir de suivre Jésus et de faire partie de ses disciples.

Partager notre Espace Personnel

Il n'est pas toujours facile de laisser les autres entrer dans notre espace personnel. Nous faisons généralement tout pour restreindre le nombre de gens ayant accès aux aspects personnels de notre vie. Nous avons souvent une liste d'exigences avant de donner un laisser-passer à ces personnes. Elles font souvent partie de notre famille ou bien nous avons établi une relation de confiance avec elles au fil du temps. Mais faire de notre vie un curriculum vivant signifie laisser les autres observer et les laisser entrer dans ces aspects de nos vies que nous préférerions garder privé. Je réitère que ce n'est pas une raison pour aller au-delà des limites. Les limites sont utiles, saines et sécurisantes. C'est par contre une raison d'examiner combien nous gardons certaines relations à un niveau superficiel, rendant alors toute influence impossible dans leurs vies. Nous ne pouvons en effet pas influencer les gens que nous formons si nous les gardons hors de portée. Partager la vie signifie les inviter à se rapprocher et à tenir des conversations importantes, de poser des questions difficiles et de tisser des liens plus forts. Le discipulat requiert un discours profond – pas seulement des mots lancés en l'air mais un vrai intérêt – pas juste des actions édulcorées et des sessions de coaching intenses – pas juste quelques visites rapides.

Jésus laissa lui-même ses disciples aller au-delà d'une frontière invisible afin d'entrer dans son espace personnel. Je pense qu'il ne fut pas non plus facile à Jésus d'accepter des gens venant d'environnements si variés. Mais le problème était à double-sens ! C'est en étant plus proche de Jésus que ce dernier put entrer dans leurs vies de manière plus poussée. Devenir les disciples de Jésus signifie qu'ils menèrent leurs existences conjointement avec les autres disciples. Cela ne dut pas être très facile pour eux. En tant que groupe les douze disciples n'étaient pas des amis «naturels». Il est difficile de penser à des perspectives et des postes plus opposés que ceux d'un collecteur d'impôt et d'un zélote. Et pourtant le fait d'être ensemble tout le temps présuppose un but commun nécessitant de marcher ensemble, de manger ensemble, de vivre ensemble et d'apprendre à se connaitre plutôt bien.

> **Nous ne pouvons en effet pas influencer les gens que nous formons si nous les gardons hors de portée.**

Même s'il n'est pas facile de laisser les autres rentrer dans notre espace personnel mais dans le processus de discipulat ce n'est pas seulement une option mais plutôt une nécessité afin d'aider les autres à évoluer. La Mère Mary Francis écrit :

> Si nous ne nous donnons pas le nom d'amis alors ne prétendons pas pouvoir nous appeler sœurs. Nous ne pouvons pas avoir de vraies sœurs qui ne sont de vraies amies. Cette notion s'applique à toute relation humaine [4].

Nous devons forger des amitiés avec les frères et sœurs en Christ que nous formons. Cela implique souvent de laisser nos espaces personnels bien confortables être envahis par les autres. Ils viendront sans doute d'environnements bien différents. Pour nos jeunes ils auront sans doute des visions du monde disparates mais nous sommes tous sur le chemin nous amenant à devenir plus à l'image du Christ et devons marcher ensemble que ce soit dans les moments de joie ou de peine. Nous devons construire une relation aimante dans le corps du Christ en tant que disciples authentiques et exprimer cet amour par la volonté de renier les intérêts liés à nous-mêmes, par égard aux besoins de nos condisciples. C'est le « même amour » que Paul décrit dans Philippiens 2.1-11 où il exhorte les disciples à imiter l'attitude de sacrifice de soi du Christ au fur et à mesure que leurs liens se renforcent.

Une façon d'inviter les gens à entrer dans nos espaces personnels est de les inviter à se rendre chez nous ou là où nous nous trouvons. Nous pouvons les inviter à prendre une tasse de thé ou de café dans notre jardin, à cuisiner un repas ensemble dans notre cuisine, à déjeuner ou diner avec eux, à s'asseoir dans notre canapé où à se détendre dans notre chaise à bascule. Ceci peut advenir avant des moments plus formels de discipulat où nous étudions la Bible, prions ou poursuivons notre programme de formation. Mais c'est en les invitant dans notre foyer que nous les laissons voir la façon dont nous avons agencé la pièce et la manière dont nous vivons. Ils pourront voir quels livres se trouvent sur nos étagères et quels ouvrages nous avons lus. Ils verront notre collection de DVD et connaitront le type de films que nous regardons. Ils entendront notre liste de lecture et sauront alors quel genre de musique nous écoutons. Ils remarqueront comment nous nous comportons avec les autres membres de notre famille et seront témoins de la façon dont nous démontrons notre amour. En d'autres termes, les inviter à voir où nous passons le plus clair de notre temps leur permettra de se faire une idée de notre monde, de nos vraies habitudes et de nos comportements ainsi que de la qualité de notre vie.

Croyez-en mon expérience cette étape deviendra un moyen efficace et essentiel de tisser des liens avec les personnes que vous formez. Ils se sentiront acceptés et importants. Les accepter en tant qu'amis est la raison la plus basique pour laquelle ces étrangers se rendent à l'église et cherchent à intégrer sa communauté5. C'est lorsqu'ils ressentiront une amitié sincère qu'ils se sentiront connectés à nous ce qui permet à une relation de confiance de se forger. Et lorsqu'ils se sentiront en confiance ils ouvriront alors leurs vies afin que nous puissions transmettre les valeurs et les enseignements que le Seigneur nous guide à partager.

La valeur des espaces confortables et sécurisants

Il va sans dire et il est important de noter que tous ces efforts fournis afin de construire des relations comme fondement de discipulat doivent se faire dans des endroits sécurisants et de telle façon que nos jeunes se sentent à l'aise. Nous devons faire attention de ne jamais ajouter de fardeau supplémentaire ni de les forcer à faire quelque chose qu'ils ne veulent pas faire. L'objectif final est le discipulat. Jésus dit : « Venez à moi, vous tous qui êtes accablés sous le poids d'un lourd fardeau, et je vous donnerai du repos. Prenez mon joug sur vous et mettez-vous à mon école, car je suis doux et humble de cœur, et vous trouverez le repos pour vous-mêmes » (Matthieu 11.28-30). Nos jeunes portent de lourds fardeaux et possèdent bien des craintes. Nous devons être sensibles à leurs besoins et y répondre où qu'ils soient. Nos jeunes sont en train d'apprendre ce que cela signifie que de suivre Jésus et ils ne le feront pas parfaitement tout le temps. Une partie de l'exemple que nous devrions montrer par le biais de notre curriculum vivant est l'amour parfait et inconditionnel de Dieu. Si nous pouvons bien représenter cela nous formerons une base solide pour notre discipulat relationnel avec nos jeunes.

Procurer un espace confortable et sécurisant permet également à nos jeunes de réaliser qu'ils ont un endroit où ils sont vus et entendus. Nos jeunes sont connectés plus que jamais aux réseaux sociaux et à internet mais d'après leurs dires ils se sentent incroyablement seuls et isolés. Ils ont besoin d'endroits sécurisants où ils peuvent être eux-mêmes, où ils peuvent communiquer leurs idées et leurs peurs et où ils sont aimés et acceptés pour ce qu'ils sont. Jésus aimait les gens de cette façon et cette leçon doit prendre largement place dans notre curriculum vivant.

Cela ne veut pas dire que Dieu ne nous demandera jamais de contrecarrer nos jeunes. Jésus tint des propos difficiles à ses disciples de temps en temps. Mais si nous partageons des liens forts, qu'il y a une confiance réciproque et de l'amour inconditionnel alors il est plus probable que nos jeunes soient plus disposés à écouter ces paroles difficiles que nous leurs disons par amour.

Les relations entre les gens sont compliquées. Il est beaucoup plus facile et rassurant de faire du discipulat chaque mercredi soir par le biais d'un curriculum imprimé. Le discipulat ne prend cependant pas vraiment racine avant que la parole de Dieu ne voyage de notre cerveau à notre cœur et s'en aille par nos mains et nos pieds. Le discipulat ne se restreint pas aux quatre murs d'une classe. Le discipulat signifie partager nos vies et nos expériences avec les autres et de marcher ensemble tout au long de notre chemin avec Jésus.

ŒUVRES CITÉES/NOTES

Introduction

1. Sweet, Leonard. Nudge: Awakening Each Other to the God Who's Already There. David C. Cook, 2010.

2. Yaconelli, Mark. Contemplative Youth Ministry: Practicing the Presence of Jesus. Zondervan/Youth Specialties, 2006.

3. Gunter, W. Stephen, Scott J. Jones, Ted A. Campbell, Rebekah L. Miles, Randy L. Maddox. Wesley and the Quadrilateral: Renewing the Conversation. Abingdon Press, 1997.

Chapitre 1

1. Leys, Lucas. El Ministerio Juvenil Efectivo. Editorial Vida, 2003.

2. Leys, Lucas

3. Ortíz, Félix, Annette Gulick, Gerardo Muniello. Raíces: Pastoral juvenil en profundidad. Editorial Vida, 2008.

4. Leys, Lucas

5. Maxwell, John C. es 21 Lois Irréfutables du Leadership. Thomas Nelson, Inc., 2002.

6. Maxwell.

Chapitre 3

1. Nouwen, Henri J. M., Michael J. Christensen, Rebecca J. Laird. Formación Espiritual: Siguiendo los Impulsos del Espíritu. Sal Terrae, 2011.

2. Foster, Richard J. Celebration of Discipline. Editorial Betania, 1986.

3. Wesley, John. Sermons: Tome I. Nazarene Publishing House, 1990.

4. Tracy, Wesley D., E. Dee Freeborn, Janine Tartaglia, Morris A. Weigelt. Formación Espiritual. Casa Nazarena de Publicaciones, 1999.

5. Foster.

Chapitre 5

1. Powell, Kara E., Chap Clark. Sticky Faith: Everyday Ideas to Build Lasting Faith in Your Kids. Zondervan, 2011.

2. Dean, Kenda Creasy. Almost Christian: What the Faith of Our Teenagers Is Telling the American Church. Oxford University Press, 2010.

3. Powell, Clark.

4. Powell, Clark

Chapitre 6

1. Harrington, Bobby. "Relationships." Discipleship.org, discipleship.org/relationships.

2. Newton, Gary C. Growing Toward Spiritual Maturity. Evangelical Training Association, 1999.

3. Putman, Jim, Avery T. Willis Jr., Brandon Guindon, Bill Krause. Real-Life Discipleship Training Manual: Equipping Disciples Who Make Disciples. NavPress, 2010.

4. Francis, Mother Mary. But I Have Called You Friends: Reflections on the Art of Christian Friendship. Ignatius Press, 2006.

5. Kreider, Alan, Eleanor Kreider. Worship & Mission after Christendom. Herald Press, 2011.

TABLE DE MATIÈRES

www.ingramcontent.com/pod-product-compliance
Lightning Source LLC
Chambersburg PA
CBHW021140020426
42331CB00005B/849